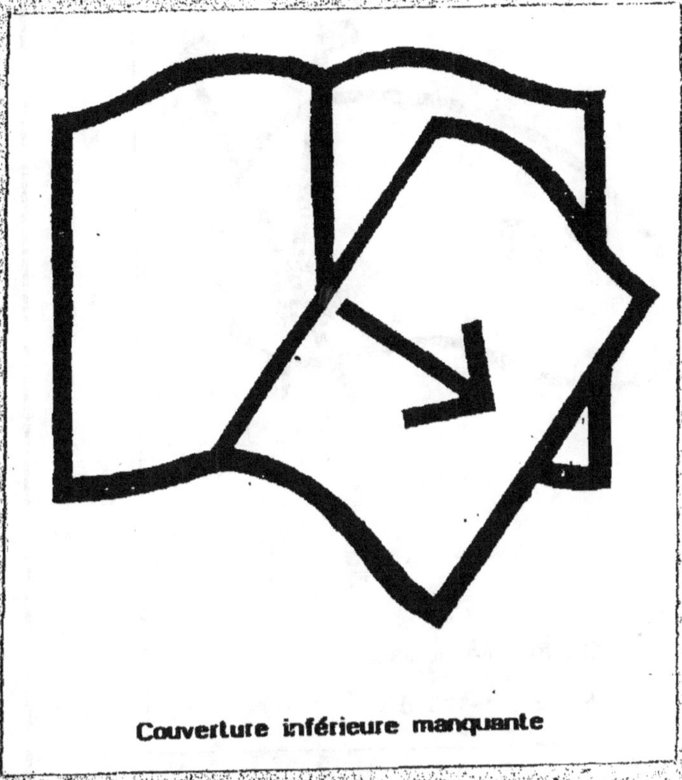

Couverture inférieure manquante

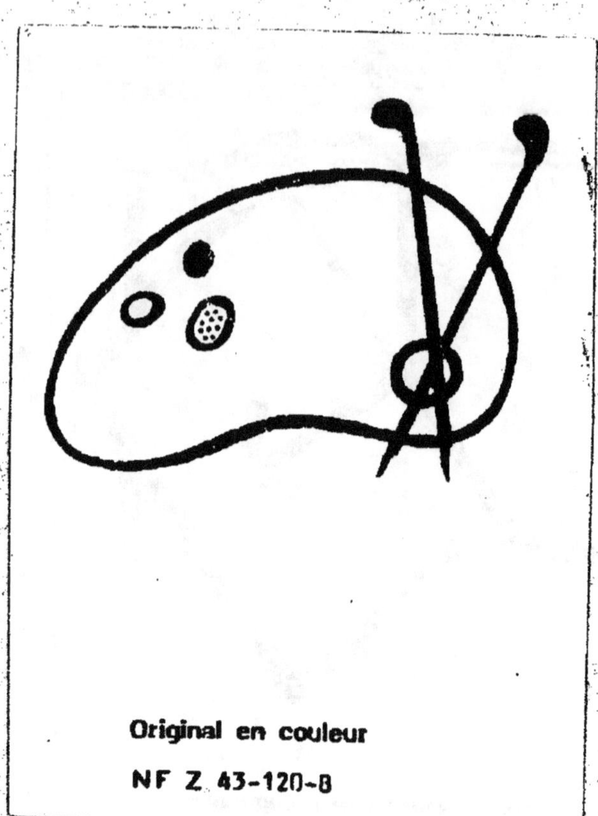

Original en couleur
NF Z 43-120-B

LES

PAPIERS DU DUC DE SAINT-SIMON

AUX ARCHIVES DES AFFAIRES ÉTRANGÈRES.

MÉMOIRE

LU A L'ACADÉMIE DES SCIENCES MORALES ET POLITIQUES
LES 1er ET 8 MAI 1880

PAR

M. GEORGES PICOT

MEMBRE DE L'INSTITUT

PARIS

1880

LES

PAPIERS DU DUC DE SAINT-SIMON

AUX ARCHIVES DES AFFAIRES ÉTRANGÈRES.

—

EXTRAIT DU COMPTE-RENDU

De l'Académie des Sciences morales et politiques

(INSTITUT DE FRANCE)

Par M. Ch. VERGÉ,

Sous la direction de M. le Secrétaire perpétuel de l'Académie.

—

LES
PAPIERS DU DUC DE SAINT-SIMON
AUX ARCHIVES DES AFFAIRES ÉTRANGÈRES.

MÉMOIRE

LU À L'ACADÉMIE DES SCIENCES MORALES ET POLITIQUES
LES 1ᵉʳ ET 8 MAI 1880

PAR

M. GEORGES PICOT
MEMBRE DE L'INSTITUT

PARIS
—
1880

PAPIERS DU DUC DE SAINT-SIMON

AUX ARCHIVES DES AFFAIRES ÉTRANGÈRES.

Le général marquis de Saint-Simon, mort en 1865, racontait qu'un dimanche de l'année 1819 il s'était présenté, à l'issue de la chapelle, à l'audience du roi pour lui demander une faveur. Louis XVIII, qui avait du goût pour lui, lui adressa quelques paroles encourageantes : « Sire, reprit le marquis, il s'agit de la liberté d'un prisonnier à la Bastille. — Vous voulez rire, je pense, monsieur de Saint-Simon. — Sur la Bastille, oui, Sire, mais non sur des manuscrits originaux du duc de Saint-Simon, enlevés en 1760 et prisonniers d'État de Votre Majesté au ministère des Affaires Étrangères. » — Le 6 mai 1819, sur un ordre du roi, une partie des manuscrits étaient remis à l'héritier du duc, et, grâce à cette générosité de Louis XVIII, les Mémoires de Saint-Simon ont été connus de notre siècle, qui a pu en jouir dans tout l'épanouissement de sa gloire littéraire. M. Villemain les avait devinés à travers des fragments, et il eut le temps de les signaler dès leur apparition ; MM. Sainte-Beuve et de Montalembert purent en parler, et ce chef-d'œuvre entra dans notre littérature avec ce cortége d'admiration qui ne l'abandonnera pas.

Mais il restait au dépôt des affaires étrangères d'autres prisonniers d'État de la même origine. Longtemps on avait paru oublier leur existence, puis, quand des chercheurs avaient voulu pénétrer jusqu'à eux, ils avaient échoué dans leurs tentatives. Quels avaient été les prétextes ? Des récits de tous genres étaient colportés. On allait jusqu'à dire que ceux qui en avaient la garde, pour décourager les recherches, avaient nié la présence aux affaires étrangères des papiers de Saint-Simon. L'allégation était hardie... Au commencement du xviii° siècle, on y eût répondu par des épigrammes ou des chansons ; il y a cent ans, elle eût provoqué un pamphlet ; de nos jours elle fit naître un gros volume de cinq cents pages, plein d'esprit et de la plus sûre érudition, dans lequel un lettré de la meilleure race décrivit le cabinet du duc de Saint-Simon et suivit pas à pas l'historique de ses manuscrits (1). A de tels arguments il n'y avait plus de réplique ; l'inventaire du notaire y était rapporté tout au long ; les cent soixante-dix-sept portefeuilles de manuscrits avec leur titre et leur description authentique y figuraient. Du château de La Ferté-Vidame, où Saint-Simon en avait déposé une partie, et du « Cabinet à livres » de l'hôtel de la rue de Grenelle, où étaient rangés la plupart des portefeuilles, il était facile de les accompagner sans en perdre la trace. La description achevée, les manuscrits avaient été renfermés dans cinq grosses caisses à doubles clefs qui furent déposées chez le notaire Delaleu. Elles y étaient demeurées quatre ans. Enfin le 21 décembre 1760, sur un ordre de Louis XV, contresigné du duc de Choiseul, M. Le Dran, garde des archives, était venu prendre possession de tous les papiers et manuscrits. Entre la demeure de Saint-Simon, où les hommes de loi les avaient compulsés, et la tour du Louvre, pas une feuille n'avait pu être distraite. Depuis cent vingt ans, le dépôt n'avait rendu qu'un seul do-

(1) *Le duc de Saint-Simon, son cabinet et l'historique de ses manuscrits,* par Armand Baschet ; Plon, 1874.

cument : le manuscrit des Mémoires. La démonstration était donc complète. Il fallait se rendre de bonne grâce. On s'en garda bien. On eut recours à la force d'inertie. Sans un dernier incident, on n'aurait pas vu de sitôt tomber les verrous et s'ouvrir les grilles.

Il y a peu de mois, les deux premiers volumes de l'édition définitive des Mémoires venaient de paraître, et, depuis les admirateurs littéraires de Saint-Simon jusqu'aux plus minutieux critiques, il n'y avait qu'une voix pour rendre hommage à ce travail colossal entrepris par un des plus savants et, à coup sûr, le plus intrépide de nos érudits. A ce moment, l'édition nouvelle était annoncée dans la *Revue des Deux-Mondes* par un juge dont nul ne récuse la compétence, et, comme M. Léopold Delisle à l'Académie des inscriptions et belles-lettres, il en prenait occasion de demander, au nom de l'histoire et des lettres françaises, que le dépôt des affaires étrangères ne demeurât pas plus longtemps fermé (1).

Cet appel, que tous les échos renvoyaient à la fois, fut entendu. M. de Freycinet voulut inaugurer son entrée au quai d'Orsay par une mesure largement libérale. Ici, nous devons en convenir, « l'épuration » était excusable, et un personnel plein d'ardeur, auquel on adjoignit une commission des archives diplomatiques reconstituée, fut chargé de rompre avec de vieilles routines indignes de notre temps.

A peine installée, la nouvelle direction se mit en quête des portefeuilles saisis en 1760. Elle demanda, comme tous les chercheurs, le fonds Saint-Simon. Il avait été dispersé, et les initiés ne purent qu'en signaler les fragments. Il semblait qu'on se fût attaché, aussitôt après la mesure si libérale de 1819, à

____

(1) Voyez, dans la *Revue des Deux-Mondes* du 15 février 1880, *une édition nouvelle de Saint-Simon*, par M. Gaston Boissier.

détruire un ensemble, dont un scrupule royal pouvait tôt ou tard imposer au ministère la restitution. Des lettres, des mémoires d'Etat, des pièces datées avaient été comprises dans des séries chronologiques, sans être pourvues d'une mention d'origine ; le reste avait été rassemblé sous des reliures de diverses couleurs, dont aucune ne portait le nom de Saint-Simon, et versé dans des fonds différents. Il était impossible de dérouter plus habilement l'archiviste qui aurait voulu chercher dans les longues galeries du dépôt sans être pourvu d'un fil conducteur. Heureusement, le service reconstitué des Archives mit autant de zèle à signaler les volumes démarqués qu'une défiance égoïste avait employé d'art à les soustraire à la curiosité publique. En peu de semaines, des découvertes précieuses, dues à de tardifs rangements, firent apparaître la plus grande partie des manuscrits de Saint-Simon.

Aujourd'hui, sans avoir encore tout retrouvé, on peut essayer d'indiquer l'ensemble des découvertes et mesurer à l'aide de quelques reconnaissances heureuses, sur un terrain si récemment conquis, ce que l'auteur des Mémoires et l'histoire gagneront à cette résurrection posthume.

Les manuscrits de Saint Simon, tels qu'ils étaient accumulés à Paris et à La Ferté-Vidame, peuvent être groupés en diverses séries. Il y avait d'abord des livres manuscrits qui auraient dû figurer dans la bibliothèque et que Saint-Simon possédait soit à titre de curiosité, soit comme instruments de travail. Tel était ce Guillaume de Tyr, en écriture gothique du XIIIᵉ siècle, avec des enluminures, qui est venu échouer au dépôt des affaires étrangères, où cette précieuse épave, ignorée des érudits, représente à elle seule le moyen âge. Tels sont plusieurs Traités sur la noblesse, une Histoire des assemblées d'Etats, des recueils d'arrêts, des procès fort anciens. Nous pouvons apprécier par là le soin du collectionneur, mais l'œuvre personnelle n'apparaît pas encore. Les volumes de mémoires nous en rapprochent. Saint-Simon, qui avait commencé dès sa vingtième année à élever le monument qu'il nous a laissé, s'était montré naturellement fort avide de connaître les mémoires les plus voisins de son temps : il avait cherché à en avoir communication et n'avait pas hésité à en retenir des copies pour son usage secret. Les Mémoires de Mademoiselle (qui n'ont été publiés complétement qu'en 1858), ceux de Goulas (que commence à peine à donner la Société de l'histoire de France), ceux de Fontenay-Mareuil, le Journal de Richelieu, les mémoires de Torcy (copiés de sa main), ont été ainsi transcrits pour sa collection particulière et ont donné lieu dans le cours de ses travaux à plus d'une note qui mérite d'y être jointe. Tout autrement considérable fut le travail auquel il se livra sur les Mémoires de Dangeau, chargeant d'additions la copie qu'une communication du duc de Luynes lui avait permis de faire exécuter. On sentit, de bonne heure, le prix de cette annotation dans laquelle l'auteur avait versé tout ce dont débordait sa mémoire. Sous les auspices de M. Guizot et de M. Mignet, et plus tard de M. Drouyn de Lhuys, le Journal de Dangeau fut publié avec les réflexions de Saint-Simon.

Une autre série de manuscrits embrasse les précédents d'étiquette ; ce n'est pas la moins importante : cérémonies de cour et de ville, processions, baptêmes princiers, pompes funèbres royales, sacres et couronnements, forment une collection énorme toute remplie de documents officiels, au travers de laquelle se rencontre parfois une note, un résumé, un jugement où apparaît Saint-Simon et où il est aussi aisé de reconnaître sa petite écriture chargée d'abréviations que son infatigable amour des détails.

Un dernier groupe comprend enfin les Mémoires à consulter destinés aux procès de préséance, les études sur les généalogies, les notes biographiques, les projets politiques, les travaux d'histoire, en un mot les ouvrages originaux et achevés sortis de la plume d'un écrivain qui ne connut pas le repos.

A quelle époque de sa vie Saint-Simon a-t-il accumulé cet amas prodigieux de matériaux? Les portefeuilles qu'il remplissait ne contiennent-ils que des notes, des ébauches inachevées, ou bien y rangeait-il parfois une œuvre terminée? sa gloire gagnera-t-elle à l'en voir sortir? A toutes ces questions, qui occupaient notre esprit et pressaient nos recherches, il est difficile de donner une solution définitive; néanmoins la lumière se fait peu à peu ; déjà les regards peuvent percer la brume, et certains points apparaissent clairement. Il y a des ouvrages que nous avons eu la bonne fortune de lire en entier. Nous voulons insister sur trois d'entre eux, au travers desquels nous retrouvons, avec les qualités et les défauts de Saint-Simon, tout ce qui fait l'incomparable charme de l'auteur des Mémoires : il s'agit des *Notes sur les duchés-pairies*, d'un court *Sommaire chronologique de la dynastie capétienne* et surtout du *Parallèle entre Henri IV, Louis XIII et Louis XIV*. De tous les manuscrits laissés en portefeuille, c'est sans contredit ce dernier travail que l'écrivain avait revu avec le plus de soin, c'était son œuvre de prédilection, et elle méritait de fixer tout d'abord l'attention des chercheurs.

Quand le duc de Saint-Simon, dégoûté des affaires et résolu à quitter la cour, regagnait La Ferté-Vidame, qui allait partager avec son hôtel de la rue Saint-Dominique l'honneur de lui servir de retraite, il n'avait pas 50 ans. Depuis sa laborieuse et attentive jeunesse jusqu'à son âge mûr, rempli par les agitations de la Régence, il n'avait cessé de prendre part au mouvement incessant de la cour. A Versailles comme au Palais-Royal, puis à Madrid comme ambassadeur, Saint-Simon avait vécu dans un tourbillon perpétuel. Il s'était mêlé à tout pour mieux voir et il avait en même temps caressé l'espoir d'agir pour son compte. Il y a des ambitions oisives : la sienne était surabondante d'action et de travail secret. Depuis trente ans, l'auteur des Mémoires n'avait pas cessé de remuer, de penser et d'écrire, jaloux de prendre part à tout et de multiplier les occasions de suivre sur tous leurs théâtres ces scènes politiques dont il était le plus avide des spec ateurs et dont il comptait bien être pour la postérité le narrateur fidèle et écouté.

C'est à ce mouvement que tout à coup, vers 1724, succéda le silence d'un château que ne troublaient ni les intrigues de cour, ni le bruit des affaires. Ce n'était plus une de ces courtes et pieuses retraites à la Trappe où le duc allait pendant peu de jours oublier pour de plus hautes pensées Mme de Maintenon ou les princes légitimés. C'était une définitive retraite que sa dignité blessée des procédés du duc de Bourbon lui avait conseillée, et dont il devait, ne fut-ce que par amour-propre, soutenir sans faiblesse la longue monotonie. Pour un tel esprit, la chute était rude, et nous étions surpris de n'en rencontrer aucune trace dans ses écrits, lorsqu'une note écrite au haut d'une généalogie de la maison d'Albret attira notre attention. Nous venions de trouver les confidences de Saint-Simon sur ses premières heures d'oisiveté et la résolution qui lui fit entreprendre son grand travail sur les duchés-pairies. Il est vraisemblable qu'il les destinait à un avant-propos et qu'il projetait de compléter ce fragment.

Première pensée
des
Notes sur les
Duchés-Pairies.

Un grand loisir, qui tout à coup succède à des occupations continuelles de tous les divers temps de la vie, forme un grand vide qui n'est pas aisé, ny à suporter, ny à remplir. Dans cet estat l'ennui irrité et l'application dégouste. Les amusements, on les dédaigne. Cet estat ne peut estre durable, à la fin on cherche, malgré soy, à en sortir. Ce qui rapelle le moins tout ce qu'on a quitté et qui mesle quelque application légère à de l'amusement, c'est ce qui convient le mieux. De médiocres recherches de dattes et de faits pris par éclaircissements dans les livres, d'autres sortes de faits qu'on a veus ou qu'on a sceus d'original, sont de ce genre, quand ces autres faits, qu'on trouve en soy mesme, ont quelque pointe, quelque singularité, quelque anecdote fugitive et qui peut mériter d'estre sauvée de l'oubli. L'esprit y voltige quelque temps sans pouvoir se poser encore, jusqu'à ce que le besoin de se nourrir de quelque chose, contracté par une si longue habitude, devienne supérieur au dégoust général, et que, par l'affoiblissement des premiers objets, à mesure qu'ils s'éloignent, il saisisse au hasard la première chose qui se présente à luy. Un malade repousse bien des plats sans vouloir y gouster, et plusieurs autres encore, dont il n'a fait que taster, et encore avec peine. L'esprit languissant de vuide effleure ainsy bien des objets qui se présentent, avant que d'essayer d'accrocher son ennuy sur pas un. A la fin, la raison se fait entendre, mais en lui permettant le futile pour le raccoustumer peu à peu, et comme le futile n'a jamais esté de son goust, il ne peloste (1) pas longtemps sans approfondir davantage. Telle a esté l'occasion et le progrès de ce qu'on ne peut appeler qu'un écrit, et dont on ne fait soy-mesme que le cas qu'il mérite ; c'est-à-dire, qu'il a esté utile à amuser en le faisant, fort bon après à en allumer le feu ; peut-estre aussy à montrer à quelqu'un de peu instruit et de fort paresseux, d'un coup d'œil aisé et grossier, ce qu'il ignore et qu'il vaudroit toustefois mieux ne pas ignorer ; une sorte de rapsodie, copiée pour les dates et certains faits généalogiques, quelquefois mesme historiques, où on s'est laissé négligemment entraisner au fil de l'eau à raconter et à raisonner, emporté par la matière, parce qu'on n'a pas voulu prendre la peine de se retenir et qu'on ne l'a estimée que pour soy et pour l'amusement qu'on y a pris. On s'est proposé de s'éclaircir et de se rendre raison à soy-mesme, en se soulageant d'autant la mémoire, et tout cela ensemble l'a grossi, n'ayant d'abord compté que sur quelque chose de très court. L'histoire généalogique et chronologique de la maison de France, des ducs, des officiers de la couronne, etc., conséquemment des plus illustres et des plus heureuses maisons, ainsi que des plus grands et des plus fortunés person

(1) Expression tirée du jeu de paume.

nages, s'est offerte à l'amusement qu'on cherchoit. La variété et la section fréquente de sa matière a moins déplu que beaucoup d'autres ; le vaste du total a noyé ; on a cherché mollement de certaines choses, on a jeté négligemment sur le papier quelques précisions fort courtes pour se rapprocher ce qui fuyoit trop loin, et c'est ce qui a produit le tiltre de Courtes Nottes. Après on a voulu voir plus avant et avec moins de rapidité des choses amusantes par elles-mêmes, qui lient et rappellent l'histoire, et qui deviennent infiniment morales par les réflections qui naissent naturellement sur les fortunes diverses de tant de sortes de personnages, et de ce que ces fortunes et eux-mesmes sont enfin devenus. On a cherché à se faire un group du principal de chaque maison de duc, et de ce qui a pu réveiller la curiosité sur chacun d'eux, quand il y a eu matière ; puis, par des tables, une autre sorte de group exact et précis du total. De là est venue l'idée d'éclaircir ces matières, par une liste, pour ainsi dire, de touttes les maisons de la noblesse du royaume qui ont eu des alliances directes avec la maison régnante de Hugues-Capet. On s'est borné là par paresse...

Cette liste a eu le sort de l'écrit qui luy a donné lieu : la seicheresse et le cahos stérile et confus d'un amas de noms a déplu, et on s'est estendu à quelque peu d'historique pour s'amuser à faire ou à se raffraischir connaissance avec les personnages qui ont contracté ces alliances, et se monstrer ce qu'en est devenue la postérité sans tourner aussy ce nouvel amusement en travail (1).

Les *Notes sur les duchés-pairies* tiennent à la fois du P. Anselme et des Mémoires. Chaque maison ducale commence par un précis généalogique ; lorsque Saint-Simon arrive à la fin du xvi° siècle, il s'anime, les notices se développent, se remplissent de faits, d'appréciations, de portraits souvent plus étendus que dans aucun des écrits de l'auteur. Sur le xvii° siècle, on ne peut imaginer une galerie plus variée : ainsi nous voyons passer successivement les Guise et les

(1) *Maisons princières, Noblesse, Officiers de la couronne*, vol. 45. — Dans l'incertitude des anciennes orthographes, nous avons pris le parti de reproduire le texte de Saint-Simon avec une exactitude scrupuleuse.

d'Epernon, les compagnons d'Henri IV, Luynes et Richelieu, Mme d'Hautefort et Mme de Sablé, le cardinal de Retz et M. le prince, le Héros; enfin la maison de Rouvroy de Saint-Simon, descendant par les comtes de Vermandois, de l'empereur Charlemagne, et à laquelle l'auteur donne la plus longue des notices, consacrant onze pages (dont chacune vaut presque une demi-feuille d'impression), au duc Claude, favori de Louis XIII, et trente-cinq pages de même dimension à son fils, dont il parle, comme on peut l'imaginer, avec une bienveillance qui ne se dément pas.

Nous aurons occasion de revenir sur la découverte d'une auto-biographie si importante; nous voulons seulement donner aujourd'hui une idée des notices et il nous a paru que celle du marquis, devenu duc de Montausier, était propre à intéresser l'Académie. En voici quelques fragments :

Duc de Montausier.

Parmy le bruit des armes, M. le marquis de Montausier ne laissa pas de s'appliquer tant qu'il put aux plus utiles lectures et comme il avoit de l'esprit, et beaucoup et excellent, avec un sens exquis et plein de reflection, il en fit un admirable usage, et devint un des plus sçavants hommes qui portast l'espée. Également éloigné du futile et de la pedanterie, il se fit des amis illustres en tout genre, et comme l'hostel de Rambouillet estoit, on ne sçait comment, devenu le rendes-vous de ce qu'il y avoit de plus distingué à la cour et à la ville dans les deux sexes, et en mesme temps des beaux esprits les plus célébres, M. de Montausier y estoit fort assidu et y estoit fort gousté de ces deux sortes de compagnies si meslées, et tout à la fois si triées. C'estoit un tribunal que la mode avoit érigé, qui décidoit sans appel, non-seulement des ouvrages galants et des plus solides et sérieux, mais encore de la conduitte des personnes les plus distinguées par leur place ou par leur qualité dans le monde; tellement que c'estoit à qui l'auroit favorable, et qu'il s'estoit establi comme un titre de mérite d'y estre admis, et de considération plus ou moins grande à proportion qu'on y en avoit. M. de Rambouillet, consommé dans les plus importantes affaires, y regnoit sur tout ce qui se passoit et quoyque dans la confiance intime et connue de la reine et de son premier ministre, consulté et mesnagé par tous les partis. Sa tendre confiance en Mme de Rambouillet l'avoit associé à cette sorte d'empire. Le sien, en particulier, s'estendoit sur les ouvrages et sur leurs auteurs qu'elle partageoit avec Mlle de Rambouillet, et la galanterie qui estoit là sur son trosne, y faisoit, par sa réserve, un hommage continuel à la vertu de la mère et de la fille, dont la vertu fut toujours, et en effet et en réputation, reconnue au plus haut point. Il estoit dans le naturel de M. de Montausier d'estre plustost pris par les sentiments purs de l'esprit et de l'âme que par ce qui charme les yeux. Mlle de Rambouillet n'estoit pas belle quoyque l'objet des vers et de la prose des plus beaux esprits. Le sien vanté, conduit et soutenu de celuy de sa mère, eut plus de réputation de son vivant qu'après ; et elle avoit passé sa jeunesse dans les délices d'une vie si agréablement remplie, sans s'estre encore laissé toucher d'aucun establissement. C'estoit une espèce d'Infante fort difficile à marier, et que ses grands biens, soustenus de tout le reste, mettoit en situation de choisir. Elle vouloit de la naissance et surtout du mérite en tout genre, ce qui n'est pas aisé à rassembler, et par honneur ne vouloit pas épouser un homme dénué des biens de la fortune. Tout cela se rencontra en M. de Montausier. Il estoit épris luy-mesme depuis quelques années ; il le laissoit directement appercevoir sans le dire. Tout cela luy donna la pomme ; mais à la mode de l'hostel de Rambouillet, il fut agréé long-temps sans le sçavoir, puis avec des espérances, enfin avec une respectueuse distance entre la certitude de la parole et la conclusion. Il vécut toute sa vie avec elle dans les respects d'amant, et avec la confiance d'un mari plein d'estime et de tendresse, à quoy elle répondit par les siennes et par ses complaisances et ses respects. Leur réputation et leur considération furent telles que la cour crut se faire honneur de les attirer, et ils se tenoient dans une sage et respectueuse réserve qui les fist encore plus rechercher. Une reigle de vie et une piété solide, nourrie d'une estude assidue de l'Escriture que M. de Montausier possédoit pour l'avoir lue toutte entière plus de vingt fois, ne retranchoit rien d'une très-magnifique bienséance, ny de cet air du monde si nécessaire tant qu'on y demeure et qui ajoute même une sorte de prix à la retraite. On choisissoit encore pour les places, la grossesse de la reine fit désigner Mme de Montausier gouvernante. Elle la fut donc de Mgr le Dauphin à sa naissance avec un aplaudissement public.

Jusque là tout alloit bien. Mais voicy des énigmes inexplicables. Le roy jeune, et le roy des figures, autant qu'il l'estoit de la France, estoit galant. Il en conta à des filles d'honneur de la reine, et il ne fut pas longtemps sans aller dans leur chambre. C'estoit déjà beaucoup, mais il arriva plus, c'est qu'il y fut reçeu la nuit par une porte dérobée qui donnoit derrière un de leurs lits, et qui avoit un petit dégré dérobé. Les filles d'honneur sont entièrement sous la charge et conduite de la dame d'honneur. C'estoit Mme de Navailles ; son mary s'estoit élevé, par une grande valeur et par un entier attachement au cardinal Mazarin, jusqu'à commander sa compagnie de chevau-légers, et luy avoit esté fidèle et affectionné dans les temps les plus calamiteux de sa vie. C'estoit de plus un homme d'une grande probité et pestri d'honneur, et pour la guerre, quoyqu'avec un talent médiocre pour estre en chef, fort estimé de M. le Prince. Tout cela ensemble le fit élever, et le cardinal Mazarin luy voulut donner un brevet de duc, dès 1650, qu'il aima mieux pour son père... » La duchesse de Navailles « fut faite dame d'honneur au mariage. C'estoit une femme véritablement d'honneur, haute, pleine d'esprit et de mérite, qui n'a esté défigurée dans sa vieillesse que par une avarice singulière dont il y a cent contes plaisants. Mme de Navailles avertie des royales nuicts des filles de la reine, parla à son mary, et comme ils estoient l'un et l'autre pleins d'honneur et de vertu, ils eurent bientost pris leur parti, quoyqu'ils ne doutassent d'aucune des suites funestes à leur fortune. Dans cette résolution bien comprise et bien décidée, Mme de Navailles parla au roy et luy représenta la charge dont elle estoit tenue. Le roy plaisanta et continua, mais deux jours après, estant allé à son rendes-vous nocturne, il trouva une muraille toutte fraische au lieu de la porte, et ce fut à luy de s'en retourner. La colère le transporta et il envoya commander le lendemain à Mme de Navailles de donner sa démission, à son mary de se défaire de sa charge de capitaine des chevau-légers de la garde, et à tous deux de s'en aller en leur gouvernement de La Rochelle et païs d'Aulnis. Ils s'y estoient attendus et en portèrent le coup avec respect, mais avec courage. La reine fut outrée, et la reine-mère affligée au dernier point et de la cause et de la chose qui dépouilloit des gens qu'elle avoit eu lieu toutte sa vie d'aimer avec confiance. Elle eut beau prier et conjurer, le roi fut inexorable, et ce ne fut que deux ans après, un peu moins, que la reine-mère, au lit de la mort, obtint leur retour et leur pardon. Encore ne fut-il jamais entier pour Mme de Navailles qui n'a jamais esté depuis à la cour que très-rarement. M. de Navailles vendit donc sa charge des chevau-légers au duc de Chaulnes, si connu par ses ambassades depuis, et partit avec sa femme pour La Rochelle au milieu du triomphe public. Après son retour on le fit servir et enfin, en 1675, maréchal avec les autres qui furent faits à l'occasion de la mort de M. de Turenne.

Il fallut donc remplir et sur-le-champ, la place de dame d'honneur de la reine... Mme de Montausier fut nommée, accepta. L'estonnement fut universel, puisqu'accepter la dépouille de Mme de Navailles devenoit une honte et un engagement encore plus deshonorant de ne la pas imiter. Et voilà l'énigme qu'on ne peut entendre d'un couple si publiquement vertueux !

S'il y a eu lieu d'être surpris de voir Mme de Montausier en la place de Mme de Navailles, il y eut grande matière depuis de s'étonner bien davantage ou plutost d'estre faché de s'estre si étrangement trompé. *Ducs et pairs*, vol. 58, f. 136.

Nous passons la suite. Saint-Simon raconte que le roi voulant confier Mme de Montespan, tout au début de sa faveur, à une femme dont la réputation fut sans tache, choisit la duchesse de Montausier; que celle-ci eut ordre du roi de ne pas laisser pénétrer dans son hôtel M. de Montespan, et à la suite de quelle tentative scandaleuse M. de Montespan fut mis à la Bastille. Plus loin, Saint-Simon revient au duc de Montausier.

On sait que Molière passe pour lui avoir emprunté quelques traits en peignant *Alceste*. Saint-Simon raconte comment M. de Montausier prit la nouvelle qui en arriva à ses oreilles :

Montausier
et le
Misanthrope.

« En 1668, Mgr le Dauphin arrivant à l'aage de 7 ans ; il luy fallut un Gouverneur. M. de Montausier fait maréchal dès 1661 et Duc et Pair à la fin de 1665 fut choisy, il avoit alors 58 ans. Le choix ne pouvoit estre plus digne, et il y répondit pleinement. Il fut seulement accusé de trop de sévérité, et il estoit vray que si ses mœurs estoient naturellement austères, son esprit ne l'estoit pas moins, et que parvenu à ce degré de faveur, de considération et de confiance, il le contraignit beaucoup moins, et se licencioit assez souvent à des espèces de sorties qui embarassoient d'autant plus les gens, qu'elles avoient toujours une grande justesse jointe au poids qu'il y donnoit. Cela le faisoit craindre à beaucoup de gens, tellement que dès que la comédie du Misantrope parut, il se débita publiquement que c'estoit luy qui y estoit joué. Il le sceut et s'emporta jusqu'à faire menacer Molière, quoy qu'alors si à la mode, de le faire mourir sous le baston. Il arriva que fort peu de jours après cette pièce fut représentée à St-Germain, et come Mgr le Dauphin, començoit à suivre le Roy à ces sortes de plaisirs, nécessité fut à M. de Montausier de voir cette comédie; et spectacle pour toutte la cour de l'y voir, après ce qui s'estoit passé à cette occasion. M. de Montausier y arriva intérieurement fort en colére. mais il voulut, puisqu'il y estoit, la voir et l'entendre bien. Plus elle avançoit, plus il la goustoit; et il en sortit si charmé, qu'il dit tout haut que ce misantrope estoit le plus honneste home qu'il eust veu de sa vie, et qu'il tenoit à grand honneur, quoy qu'il ne le méritast pas, ce qu'on en avoit dit sur luy, et si tost qu'il fut rentré chez luy, il envoya chercher Molière. Ce célèbre comique connoissoit quel estoit M. de Montausier. Il avoit tremblé des bruits qui avoient couru dont il s'estoit disculpé de touttes ses forces, rien ne le pouvoit rasseurer. Enfin vaincu par plusieurs messages coup sur coup il alla sur parole, mais toujours mourant de peur. Dès que M. de Montausier le vit, il courut à luy l'embrasser, le louer, admirer sa pièce, se défendre modestement de sa ressemblance, l'envier touttefois, ne résister pas à en estre flatté, céder enfin à vouloir bien croire ce qui l'avoit si fort mis en fureur. Molière toujours plein d'effroy ne croyoit pas à ses oreilles et se défendoit, et la fin fut qu'il ne sceut plus ny que faire ny que dire quand M. de Montausier a verti que son souper estoit servi convia Molière de se mettre à table. L'esprit ny la débauche n'annoblissaient pas encor alors des professions éloignées de les mettre à la portée de tout le monde, tellement que Molière qui avait soupé en débauche plus d'une fois en sa vie, avec de jeunes seigneurs, n'en estoit pas hors de là à manger avec cette mesme jeunesse, combien moins avec un homme de la dignité de l'aage de la place de l'austérité de M. de Montausier. Aussi fut-il longtemps à le comprendre et à l'oser et ce fut une scène charmante pour ceux qui en furent témoins qui devint la nouvelle du lendemain. M. de Montausier but à Molière et l'asseura de son amitié pour toujours et luy tint fidèlement parole. »

Voici comment se termine la notice sur Montausier :

Il mourut à quatre-vings ans dans ce fameux hostel de Rambouillet qui estoit devenu le sien, et malgré les fortes éclypses qui ont esté icy remarquées, il mourut en luy le plus vertueux homme de son temps et de la probité la plus reconnue et la plus exquise ; droit, vray, fidèle ami et ami utile et le protecteur jusque du sien du mérite et de la science. Ce fust le 17 may 1690. Il passa pour le seigneur le plus solidement éclairé et pour le Mecénas de son siècle. Ainsy s'esteignit en luy-mesme le duché-pairie de Montausier.

Malgré l'attrait qu'exercent sur l'auteur ses souvenirs personnels, il ne se laisse pas exclusivement entraîner vers les travaux de pure biographie. A le voir franchir ce cadre trop restreint, il est facile de deviner le goût qu'éprouvait Saint-Simon pour les recherches historiques. Il avait la passion de l'histoire : non seulement il y puisait sans cesse, comme à une source intarissable, les arguments nouveaux dont il chargeait sa plume ; mais il aimait à étudier plus profondément qu'on ne le faisait de son temps les caractères de ceux qui avaient eu en mains le gouvernement des hommes. En parcourant les recueils de ces manuscrits, nous en avons rencontré qui nous permettent de saisir Saint-Simon sur le fait.

Dans ses papiers se trouvent trois tableaux de la race capétienne. Mécontent des deux premiers, dans lesquels il n'avait pu faire tenir en face du nom des rois tous les détails que son ardente curiosité voulait accumuler, il prend de nouveau la plume. Cette fois, ses feuilles seront plus larges, son papier sera divisé en colonnes. Il se promet de faire un « *Sommaire très-court de l'Histoire de France et de l'étrangère en tant qu'elle y a rapport.* » En regard de chaque roi figureront les affaires d'Etat, les « choses étrangères, » les reines

Portraits des rois de France.

et leurs enfants. Mais c'est en vain qu'il veut, comme dans les premiers essais, se borner aux faits précis ; sa plume l'emporte ; il s'échappe en portraits. C'est le fils d'Hugues Capet qui le tente le premier : « Beau, bien fait, de la grâce à tout, très-pieux et très-éclairé... un des meilleurs roys que la France ait eus, des plus malheureux en mariage. » La reine Constance excite sa verve : « Ce fut une mégère en tout qui haïssoit son fils aîné, qui ne haïssoit guères moins Henry le cadet qui fut roy malgré elle, et qui entraîna le troisième dans sa révolte, quoyque le mieux aimé de cette insupportable femme, le fléau de son mari, de ses enfants, de la cour et de l'Estat. » La bonté du prince et la modération du gouvernement le préoccupent sans cesse : « Robert, dit-il, ne prit presque rien sur ses peuples, aima la paix et l'entretint toujours dans son Estat, » et plus loin : « Le sacre de Philippe Ier, à Reims, est le premier de cette race, sur lequel on trouve quelque détail : son serment ne roule que sur les priviléges de l'Eglise et des ecclésiastiques. A peine un mot sur les loix et les peuples, ce qui est demeuré ainsy. » On le voit : les allusions sont transparentes. Que dire de celle-ci ? « Sur un avis après coup que sa seconde femme étoit bastarde, Louis le Jeune fit le voyage d'Espagne exprès pour s'en éclaircir. Motif digne de réflexion ! » En plein douzième siècle, sa pensée est obsédée par les légitimés du dix-huitième. D'ailleurs les retours aussi marqués sur les questions de son temps sont rares. Ce qu'il cherche, c'est de fixer en peu de mots les traits qui frappent. Après un vif éloge de Philippe-Auguste, il passe rapidement sur Louis VIII « grand par son père, plus grand par son fils » et arrive à Saint-Louis : « presque aussy grand roy que grand saint, homme de guerre et de cabinet ; une grande valeur, du goust, du jugement, de la pénétration, de l'éloquence, dans une vénération infinie au dedans et au dehors. Ses règlements, ses décisions, son gouvernement en modèle et en admiration à tous les siècles, une fermeté, un courage d'esprit, une grandeur d'âme au delà de toute épreuve. » L'expression est toujours concise et forte : « pieux sans superstition, dit-il de Philippe-le-Long, hardi et courageux sans témérité, il aima la paix sans faiblesse, aima l'argent sans vexer ses peuples. » Sur Louis XI, il dit tout en cinq lignes : « Le plus habile de son temps, très-appliqué à ses affaires, de la valeur, timide, superstitieux, défiant, variable, cruel, sévère, vindicatif, sans foy, ni honte, ni parole, très-haï, l'inventeur des funestes oubliettes, trompé et présomptueux, le pire des roys Capétiens. Mit les roys hors de page et fonda cette autorité qui a toujours monté depuis. » Plus tard, Saint-Simon rencontre les Valois, ces fils de Catherine, « la pire reine après Isabeau de Bavière, » et leurs trois portraits terminent cette série des Capétiens qu'il s'est plû à tracer. Sur François II, quelques lignes aussi courtes que son règne : « faible de corps et d'esprit, tout gouverné par sa femme qu'il aima fort et par ses oncles de Guise qui l'avoient marié à ce dessein. Incapable de vice et de vertu. » Il s'arrête davantage sur Charles IX : « Beaucoup d'esprit et de mémoire, du jugement, du sens, une dissimulation profonde, aima les lettres, la musique, la poésie, la conversation de gens sçavants, ne fit pas mal de vers, un beau naturel si on n'eut pris soin de le gaster et de le corrompre ; connut enfin sa mère. Emporté, colère, féroce, inhumain, l'air farouche surtout depuis la Saint-Barthélemy dont il fut troublé souvent le reste de sa vie. » Il ne laisse pas passer le crime du 24 août sans le flétrir : « Le massacre d'abord dissimulé, avoué du roy par édit public à l'instigation des Guise qui ne voulurent pas estre seuls à porter cette éternelle infamie de la nation. »

2.

Enfin quelques mots sur Henri III ferment cette galerie de nos rois :

Prince éclairé, galant, délicat, le plus agréable et le mieux fait de son siècle, extrêmement brave et avide d'estime et de gloire, dont il fut comblé. La Saint-Barthélemy en fut le terme, la courte guerre qui la suivit le ternit ; il en sauva les débris en Pologne où sa grande réputation l'avoit fait choisir pour roy ; son retour ne laissa plus voir qu'un prince mol, faible, prodigue, esclave de ses plaisirs, la plupart infâmes, un mélange d'éclats de dévotion superstitieuse et de mignons insolents, un abandon de soy et des affaires incroyable, une cour d'où la dissolution et l'audace avaient banni toutes mœurs et tout respect, une timidité qui le jeta avec l'Estat dans le précipice et qui, poussée à bout, retrouva un reste de résolution et de courage bien conduit et qui eut pu rétablir les affaires sans le détestable recours de la Ligue à un Jacobin forcené. Tel fut, sur ce prince, le long et fatal chastiment de la Saint-Barthélemy dont il fut et le complice des Guise et par cela mesme leur victime. Tels furent les chastiments de tous les chefs de parti de ces malheureux tems de côté et d'autre (1).

En traçant ces portraits, Saint-Simon rêvait-il d'écrire un jour une histoire de France ? Ne voulait-il pas plutôt accumuler en un espace resserré tout ce qu'il avait recueilli dans ses recherches ? Nous sommes disposé à préférer cette dernière version, lorsque nous examinons ces grandes feuilles toutes surchargées d'écriture, contenant environ cent-vingt lignes à la page, presque sans ratures, disposées avec un ordre infini, afin de présenter sur le champ à l'auteur le renseignement qu'il cherche ou l'idée qu'il poursuit. C'était en quelque sorte une palette sur laquelle il chargeait ses couleurs, les rangeant avec symétrie, observant les nuances et les gradations, et projetant d'y recourir si sa mémoire lui faisait jamais défaut.

(1) Aff. Etr. France, t. 44.

Le Parallèle entre les trois premiers rois de la maison de Bourbon porte la date de mai 1746 (1). Les Mémoires n'étaient pas achevés, lorsque Saint-Simon entreprit un travail dont il possédait tous les éléments et dont il avait conçu dès long-temps le dessein. Nous connaissons trop ses sentiments envers Louis XIII pour douter du mobile qui l'avait déterminé. D'ailleurs l'auteur ne veut pas d'équivoques, et dès le début, il prend soin de marquer le sentiment auquel il obéit :

« Je ne dissimuleray pas, dit-il, que l'impatience de l'injustice si communément faitte à Louis XIII entre son père et son fils ne m'ait mis de tout tems le désir de le revendiquer dans l'esprit et encore plus dans le cœur. Je l'ay reconnoissant ; mon père a dû à ce prince toutte sa fortune, moy par conséquent tout ce que je suis ; tout ce que j'ay me retrace ses bienfaits. J'attends en vain que quelqu'autre de ceux qu'il a comblés et plus capable que moy s'en souvienne assez pour tirer son bienfaicteur d'une oppression si peu supportable ; personne ne s'y présente, depuis tant d'années. A la fin, l'indignation de l'ingratitude et de l'ignorance me met la plume à la main, mais sous la plus scrupuleuse direction de la vérité la plus exacte qui seule donne le prix à tout avec la confience. » (*Parallèle*, page 1 du manuscrit.)

Ce préambule achevé, Saint-Simon entre en matière et commence par l'éducation des trois rois. Sur chacun d'eux nous trouvons quelques pages spéciales ; puis, en peu de mots, il condense le sujet, rapproche les princes pour montrer la diversité de leur origine et des soins qui ont entouré leur première jeunesse. Dès le début, apparaît le plan auquel l'auteur demeurera fidèle. Une triple et minutieuse analyse, puis un résumé d'où ressort la comparaison, telle est la méthode de tout l'ouvage. Rien de plus simple que

(2) Id, France, t. 18.

cette ordonnance, mais on devine en même temps qu'il a fallu un rare éclat de style pour en bannir la monotonie. A vrai dire, nous trouvons en cet écrit non pas un seul parallèle, mais une suite de parallèles détachés formant autant de chapitres sur l'enfance des trois rois, leurs débuts dans la vie, leurs mœurs, le commencement de leur règne, leur gouvernement, leur famille, leur capacité et leur mort. Dans ce large tableau, on sent tour à tour ce qu'a de factice un genre dont les historiens avaient abusé, et quelles ressources un écrivain y peut puiser pour marquer certains traits en caractères ineffaçables.

En rendant compte du Parallèle, nous ne suivrons pas la route que l'auteur a parcourue. Nous chercherons à reconstituer séparément et dans leur ensemble le portrait des trois rois, en mettant en lumière les aperçus nouveaux que les Mémoires de Saint-Simon ne nous avaient pas offerts. Ce qui importe avant tout, c'est de vérifier ce qu'a d'original l'ouvrage inédit du grand écrivain, ce qu'il ajoute à l'histoire bien connue du XVIIe siècle, si l'attachement envers la mémoire de Louis XIII a fait de cette œuvre une défense intéressée et partiale, ou si l'esprit de l'auteur est demeuré libre. Pour cette étude, nous avons tout avantage à rétablir l'ordre des temps.

I. — HENRI IV.

Saint-Simon saisit Henri IV au sortir de l'enfance. « Fils d'un père, roi de Navarre, dit-il, moins fort que la tempeste dont sa vie fut agitée, et d'une mère courageuse que rien ne put abattre que le poison qui lui fut donné pour présent de noces de son fils en 1572 (1), » Henri rencontra de bonne heure les contre-temps et les traverses les plus propres à former un caractère, bien différent en cela de son fils et de son petit-fils, qui devaient être élevés au milieu des splendeurs roya'es.

Son éducation.

« Mais que servent tant d'avantages, remarque Saint-Simon, quand ils ne sont qu'extérieurs? et de quoy nuisent les dehors difficiles et pauvres, quand on sçait en faire un grand usage ? Jeanne d'Albret, vertueuse, courageuse, instruitte par ses besoins, nécessairement appliquée à son petit estat, à son parti, à sa famille, par les orages dont elle fut si continuellement battue, donna une excellente éducation à son fils, l'instruisit et le fit instruire par ce qu'il y avoit de meilleur dans son parti, et il y avoit d'excellents hommes en tous genres qui luy apprirent, sans luy abattre l'esprit, non des sciences vaines et fades pour un prince, mais tout ce que devoit sçavoir un prince qui avait besoin de tout et qui ne pouvoit prospérer qu'à force de courage, de suitte et d'industrie et qui devoit lutter sans cesse contre les tempêtes du dehors et du dedans. » (P. 5 et 6.) Elle avait mis son fils « sous la direction du plus avisé capitaine, du plus sage, du plus honneste homme de son temps, » et, lorsqu'Henri eut « le malheur de le perdre presque en même temps que la reine, sa mère, à la Saint-Barthélemy où ce grand homme fut si indignement massacré pour l'ouverture de cette abominable tragédie, » (P. 3.) Henri IV n'avait pas encore dix-neuf ans. « Retenu prisonnier dans une cour, où le débordement étoit devenu une politique, » il s'échappe à vingt-trois ans, et le premier obstacle, qu'il eut à vaincre fut « la nécessité de se faire suyvre sans argent et par la seule affection à sa personne et à son parti. » Son fils et son petit-fils devaient naître sur le trône, Henri IV eut pour destin de courir longtemps après la fortune. — « Tout contribua à le former au monde, continue l'auteur du Parallèle, aux trouppes, à la politique, à la guerre, à luy aiguiser l'esprit et le courage , besoins, dangers de toutes espèces, partis, nécessité, indigence, situations

(1) Nous tenons à prévenir dès ce moment le lecteur que nous ne nous arrêterons pas à chacune des allégations hasardées de Saint-Simon. Nous ne relèverons que les erreurs de jugement, laissant à d'autres le soin de se livrer sur les faits à une critique plus étendue.

continuellement forcées, commerce habituel et indispensable avec les hommes les plus versés au grand en armes et en politique, et parmi ceux de son parti, avec des gens aussy intéressés pour eux-mêmes que pour luy à mettre tous leurs talens en œuvre pour en faire un grand homme qui pust faire par les siens, substituer et triompher leur parti. » (P. 17)·

« C'est dans ce courant d'années si fâcheuses et si dures qu'Henry IV apprit à connoistre les hommes, à les choisir pour les mettre en œuvre a tirer d'eux ce qu'il en estoit possible de leurs divers talents, à n'en point prétendre trouver de parfaits, à ne se dégouster pas de leurs deffauts, à rechercher avec soin l'esprit, le mérite, la capacité, au lieu de les écarter et de les craindre et à traiter affaire luy-même avec beaucoup de gens, pour les sonder, pour les reconnoistre, pour en puiser des lumières, pour n'estre pas sur chacune entre les mains d'un seul, mesme d'un petit nombre et n'estre gouverné sur rien par personne, mais puiser pour ainsi dire contradictoirement de plusieurs de quoy se décider pour conduire les différentes sortes d'affaires et sçavoir se conduire luy-même dans l'infinie diversité des choses, des conjonctures et de leurs complications. ». (P. 128.)

La jeunesse d'Henri IV et les efforts de ce prince pour conquérir sa couronne, séduire ses sujets ou les vaincre excitent à maintes reprises la verve de l'écrivain. Il y voit l'origine de sa fortune et l'apprentissage de son génie. Tient-il assez de compte des qualités natives du Béarnais? Mesure-t-il tout ce que lui ont valu l'esprit, le charme, le coup d'œil sur le champ de bataille, ce merveilleux ensemble de dons naturels que l'éducation ne donne pas et qui lui ont assuré avec la victoire le cœur de ses sujets? Toutes ces qualités étaient en germe chez le fils de Jeanne d'Albret, dès les premières années de sa vie. Amené du Béarn en 1558 à la cour d'Henri II, le regard éveillé de l'enfant attirait déjà l'attention. On raconte que l'ambassadeur de Philippe II, observant les jeux des jeunes princes, en fut frappé; malgré la bonne mine de ceux qui devaient régner sous le nom de Charles IX et d'Henri III, il avait remarqué le futur roi de

Navarre dont les yeux perçants pétillaient. Dès le plus jeune âge, il avait en lui ces dispositions naturelles qui furent développées et, en cela Saint-Simon dit vrai,

Sa bravoure.

« Par la passion et par l'intérest de tous d'avoir un héros à la tête de leur parti. Par sa bravoure, l'aiguillon de sa gloire, son audace à prodiguer sa vie en simple gendarme, il conquit l'amour de ses troupes. »

Après une longue digression sur la témérité d'Henri IV :

« Convenons après tout, ajoute l'historien, que ce défaut est celui des héros et qu'on ne peut refuser de reconnoistre pour tel un prince qui a passé presque toutte sa vie dans les plus grands périls et les plus grandes actions de la guerre et dont la valeur et la conduite militaire a sceu reconquérir son royaume sur ses plus puissans sujets, sur l'Espagne et l'Italie, se mettre d'effet la couronne sur la teste, la porter longtems en paix avec la plus haute réputation et la transmettre réparée et florissante à sa postérité. »

Henri IV avait à vaincre des difficultés de toutes sortes ; il n'avait pas de famille ; autour de lui, les intrigues se multipliaient :

« Il estoit puissant, dit Saint-Simon, depuis la paix de Vervins, mais toujours dans des périls et des embarras qui, pour n'estre pas si à descouvert n'estoient ni moins pénibles, ni moins à craindre, au milieu d'une cour et d'un estat où tout avoit esté personnage en son genre plus ou moins important ou élevé ou pour ou contre lui, et qui auroient tous voulu l'être encore. »

C'est le talent du politique que Saint-Simon prise le plus haut. Il comprend ce que, dès le lendemain de la mort de Henri III, son successeur a dû déployer de génie.

Génie du politique.

« Le commencement du règne de Henri IV, dit-il, est incomparable. Livré seul entre deux partis dont chacun voulut luy faire la loy et plus encore les principaux de chaque parti asses audacieux pour profiter de son embarras et de ses besoins, se faire grands et redoutables à ses dépens, il sceut les amuser tous, partis et particuliers, souffrir leur insolence avec accourtise, sans touttefois mettre sa dignité en compromis, les tirer de Saint-Cloud sans s'expliquer avec pas un, sous prétexte de la nécessité de faire la guerre, puis de l'entretenir si viste et d'y faire tellément admirer sa valeur et sa capacité et d'y faire craindre aux siens sa vigilance à bien examiner comment ils s'y comportoient, qu'il se donna le tems de vaincre, de se mettre en estat de n'estre plus rançonné par les principaux de son parti, d'en demeurer l'admiration et à peu près le maistre. Un commencement si lumineux et qui fit un si grand effet parmi amis et ennemis ne peut entrer en aucun parallèle, tant la grandeur et l'art personnels en furent soudainement utiles et à toujours éblouissans. » (P. 305.)

Malheureusement le roi qui savait remporter tant de victoires ignorait l'art de se vaincre lui-même. Le témoin indigné des désordres de son temps se montre sans merci.

« La faiblesse qu'Henry IV eut toutte sa vie pour les femmes fut son plus grand et son plus funeste écueil ; il fut le malheur de sa vie, il est encore celui de son royaume, comme on le verra en son lieu. C'est ce qui a formé les monstres qui l'ont pensé perdre et qui au moins l'ont déchiré ; c'est ce qui d'âge en âge va toujours croissant, fondé sur cet exemple. »

Saint-Simon ne manque pas d'énumérer les passions successives d'Henri IV, et il n'a pas de peine à mettre en lumière les dangers que firent naître les promesses de mariage à Gabrielle d'Estrées et à Henriette d'Entraigues, les intrigues qui en furent la suite et les ambitions désordonnées des enfants nés de ces déplorables unions.

Il ne passe pas sous silence les causes qui doivent atténuer le jugement de la postérité : les ardeurs d'un tempérament sans frein, son premier mariage constamment malheureux, un séjour corrupteur à la cour de Catherine, et par dessus tout le caractère de la reine :

« Marie de Médicis, dit-il, impérieuse, jalouse, bornée à l'excès, toujours gouvernée par la lie de la cour et de ce qu'elle avoit amené d'Italie, a fait le malheur continuel d'Henri IV et de son fils et le sien même, pouvant estre la plus heureuse femme de l'Europe, sans qu'il luy en coustast quoy que ce soit que de ne s'abandonner pas à son humeur et à ses valets. Henri IV, tout occupé du gouvernement et de ses plaisirs, sentoit tout le poids du domestique le plus désagréable. Il accordoit tout à la reine et aux dominateurs de son esprit, partie par crainte du fer et du poison, partie pour avoir repos et patience. La reine estoit maîtresse de ses enfans et de sa cour particulière sans en estre de plus douce humeur avec le roy... Le peu qu'en dit M. de Sully dans ses Mémoires fait sentir qu'elle estoit la terrible humeur de la reine et quelle l'audace de ces âmes viles et mercenaires qui la gouvernoient. (P. 7.)... La plus funeste faute d'Henri IV fut de n'avoir pas renvoyé de Marseille toute sa suite italienne. » (P. 145.)

Le portrait qu'il trace de Marie de Médicis ne rend pas Saint-Simon plus indulgent pour la conduite du roi, car il ajoute aussitôt, en forme de conclusion :

« Ce n'est pas que je prétende excuser ce tissu de maîtresses qui l'accompagna ou, pour mieux dire, le conduisit à la mort, moins encore ces promesses de mariage et leurs terribles effets auxquels on ne peut donner de nom. » (P. 102.)

L'indignation qui s'empare de Saint-Simon chaque fois qu'il parle des faiblesses d'Henri IV n'altère pas la sérénité de l'historien quand il aborde l'examen du gouvernement.

Après avoir donné des louanges à l'abjuration, qu'il appelle en passant un admirable « coup d'état et de religion, » l'auteur du Parallèle arrive à l'édit de pacification, sur lequel il s'étend plus longuement.

« On doit, dit-il, regarder l'édit de Nantes comme un chef-d'œuvre de politique et de grand sens, si on se place dans le point de perspective du tems qu'il fut fait on verra combien il étoit nécessaire de fixer l'estat de la religion et combien difficile de le faire parmi ce redoutable reste de ligueurs qui, ayant Rome et l'Espagne en croupe, n'estoit occupé qu'à rendre la conversion du roy plus que suspecte, à crier qu'il sacrifieroit toujours les catholiques à ses anciens amis, et n'avoit de pensée qu'à ralumer les feux que la valeur et l'adresse d'Henry venoient d'esteindre .. Les huguenots n'estoient pas plus aisés à gouverner ; ils estoient accoustumés depuis si longtemps à tout obtenir qu'ils ne pouvoient se résoudre à déchoir sous un roy dont ils s'estoient figuré avoir droit de tout prétendre et de tout emporter pour avoir esté nourri parmi eux, avoir esté longtems leur chef pour seule existance effective et avoir tant contribué à le faire véritablement roy. Outre ces raisons générales à tout le parti, ils avoient aussy leurs ligueurs, leur appuy des protestants de toute l'Europe, avec qui Henry avoit un si puissant intérest de ne se pas brouiller. Ils avoient des factieux qui ne respiroient qu'un renouvellement de prise d'armes et des chefs, tels que le maréchal de Bouillon, qui souffloient le zèle et le feu pour se mettre à découvert à la teste du parti, traiter ainsy avec leur roy de couronne à couronne, et dont le but particulier estoit de mettre le parti sous la protection d'un souverain protestant dont Bouillon seroit lieutenant général, exerceroit toutte son autorité, l'auroit en croupe luy et les autres protestans, feroit ainsy un estat dans un estat, et deviendroit en quelque sorte égal au roy, comme se trouvant l'un et l'autre chefs de chacun un parti égal en nombre et en force, mais inégal en appuys, parce que le parti huguenot seroit asseuré par la puissance de son protecteur estranger et des autres protestans, tandis que Henry ne pourroit se fier à l'impuissance temporelle du pape, ny à la jalousie et à l'infidélité de la maison d'Autriche et de Savoye ; aussy n'y eut-il rien que Bouillon ne fist pour empescher l'édit de Nantes, et irriter les huguenots sur tous ces points. Ce fut donc le chef-d'œuvre de la sagesse, de la connoissance et de la patience d'Henry IV d'estre venu à bout d'une affaire si peu possible, et d'avoir ouvert assés les yeux aux huguenots pour leur faire sentir l'intérest particulier et les veûes pernitieuses de Bouillon et de sa cabale parmi eux, et en même tems leur avoir pu persuader, comme en secret des catholiques, tous les avantages réels qu'ils tiroient des articles de l'édit, en même temps aussy il les exténuoit (*amoindrissait*) aux catholiques, il les effrayoit par la crainte des nouveaux troubles, et des désolations dont la France ne faisoit que de sortir, et il leur montroit la séditieuse et perverse intention de ce zèle affecté de ce reste de facteux de la ligue qui ne songeoient qu'à se ramener d'où on les avoit tirés avec tant de périls, et mis hors d'estat de plus entreprendre, et après de se soustenir. Le choix des rédacteurs de l'édit fut encore un admirable trait de politique. Schomberg, quoyque catholique, avoit du crédit en Allemagne et beaucoup de considération dans les cours protestantes de son païs ; de Thou passoit dans les deux partis pour un magistrat également éclairé, modéré, et sans reproche, bon et vray catholique et touttes fois agréable aux huguenots. Jeannin, le plus habile, le plus adroit, le plus accort de tous, avoit esté secrétaire du duc de Mayenne dans les plus forts tems de la ligue, avant et après les derniers estats de Blois, de laquelle il connoissoit à fonds tous les replis et tous les personnages ; c'estoit luy qui avoit lié les premières démarches de paix, qui estoit secrettement entré dans les premières négociations qu'il avoit suivies jusqu'à l'accommodement du duc de Mayenne, auquel il estoit demeuré attaché très-confidemment, quoyque devenu ministre d'Henry IV. Il ne pouvoit donc estre suspect à Rome, ny aux catholiques, et avoit par ses lumières et sa capacité de quoy imposer aux catholiques factieux. » (P. 135, 136, 137.)

Ainsi le gouvernement, comme les vertus militaires et l'éducation d'Henri IV, donnent lieu à une suite d'éloges qui seraient sans ombre, si les mœurs du roi et sa faiblesse vis-à-vis de serviteurs ou d'alliés indignes ne provoquaient parfois de justes critiques ; Saint-Simon ne fait pas un panégyrique aveugle, il n'entend pas davantage sacrifier Henri IV à son fils. A ceux qui, en défiance du dessein de l'auteur seraient tentés de le penser, il suffit de montrer les deux portraits d'Henri IV que nous rencontrons au cours du Parallèle. Aussi bien cette citation aura-t-elle une double utilité : elle vengera Saint-Simon du soupçon de vouloir rabaisser le père de Louis XIII et prouvera mieux que tout développement l'incroyable abondance de style d'un écrivain qui re-

prend si aisément un même sujet, sans tomber dans la monotonie d'une redite.

Art
de conduire les
hommes

« L'application de ce monarque à touttes les parties du gouvernement
à travers ses plaisirs et ses amusemens et la capacité singulière qu'il
fist paroistre en touttes, est peut-estre la plus grande louange qu'un roy
puisse mériter, décorée encore plus par la manière dont il gouvernoit,
qu'il deust toutte entière à l'habitude des angoisses et des nécessités de
son premier estat de chef de parti et des premières années de son règne ;
la grande et successive connoissance que ces tems fâcheux lui avoient
acquise de tous les personnages et du sous-ordre encore des personnages,
luy donna la facilité du discernement à s'en servir précisément aux emplois et aux affaires qui leur convenoient pour l'utilité qu'il s'en propo-
soit, ce qui, joint à l'habitude et à la connoissance des affaires qui luy
estoient venues de la même source, et qu'il prit toujours soin d'entretenir,
luy acquit une aisance incomparable et une justesse extrême à voir, à
comprendre, à demesler, à se décider, à ordonner, à suivre tous genres
d'affaires et de détails presque sans travail. Non-seulement il tenoit des
conseils toujours effectifs, je veux dire où les affaires se proposoient, se
débattoient, se digéroient, se suivoient, se décidoient, mais c'estoit un
charme de voir ce prince, également appliqué, familier, affable, en plus
faire en quatre ou cinq tours d'allées ou de galerie que d'autres dans les
travaux de cabinet les plus réglés, les plus longs, les plus réitérés. Tantost il prenoit un ministre, tantost un seigneur, tantost un capitaine,
quelquefois deux ensemble d'avis différens et jusqu'à trois, quelquefois
quatre, et là discuter, se faire rendre compte d'une ambassade, d'une
expédition, d'une négociation, d'une affaire de province ou de finance,
en proposer, discuter, sonder les gens, demesler leurs intérests, leurs
haines, leurs affections, leurs raisons, résumer ou seul ou avec de plus
confidens et de plus désintéressés, et tout en prenant l'air et en se promenant, prendre avec poids les résolutions sur tout ce qu'il avoit entendu
et demeslé, se faire rendre un compte exact de l'exécution de chaque
chose jusqu'à parfin, pomper ainsy les cœurs et les esprits avec légèreté,
et mettre ministre grands et petits en desarroy par l'usage de parler à
plusieurs, et à gens d'inclination, d'estat, de système, d'intérests, de liaisons touttes différentes. Il tiroit ainsy le suc de touttes fleurs comme les
sages abeilles et comme un habile chimiste tournoit en remèdes les poi-

sons. C'est ainsy, qu'un sage roy gouverne en effet et sçait s'empescher d'estre gouverné. » (P. 145.)

Il semble que tout soit dit sur Henri IV. Voyons maintenant par quel étonnant jeu d'esprit et avec quelle fécondité d'imagination, Saint-Simon reprend le sujet, retrouve le même ordre d'idées, fait les mêmes éloges, sans user des mêmes mots, ni se copier lui-même :

« Henry IV ne fut, ny ne parut jamais gouverné. Louis XIII le parut et ne le fut point en effet. Louis XIV le fut toujours et le parut toujours. Henry IV sceut bien choisir en tous genres. Il éblouit par ses exploits personnels et n'estonna pas moins par la sagesse, la fermeté, le juste équilibre de son gouvernement. Une familiarité martiale, mais mesurée, que ses divers estats et ses divers besoins lui avoient acquise, un esprit vif plein d'agrémens, un langage aisé et naturel qui quelquefois sentoit un peu trop le camp, une guayeté, et une facilité parmi les choses les plus sérieuses, un sens droit et juste sur touttes celles où l'amour ne le tyrannisoit pas, et où certaines foiblesses ne le dominoient pas, un accès toujours ouvert avec un air de bonté, rendirent tant de grandes qualités aimables, avec cette habitude contractée de ses diverses fortunes de sçavoir parler à chacun le langage qui lui convenoit, et de ne s'embarrasser d'aucun personnage, à quoy ses détresses l'avoient accoutumé. Mais singulièrement supérieur à tenir de court ministres, généraux, personnages de toutes les sorttes par ses entretiens familiers avec eux, teste à teste, surtout avec gens de différentes liaisons et de différens partis, il s'éclairoit et discernoit ainsy la vérité, parce qu'il la cherchoit, et se gardoit par là des surprises, et presque toujours en se promenant, il appeloit tantost les uns, tantost les autres, sans que la plus part s'attendissent à ces conversations qui duroient plus ou moins, suivant que l'instruction qu'il en vouloit tirer l'exigeoit, quelquefois sans qu'ils s'en aperçeussent. C'est ce qui s'appelle sçavoir régner. » (P. 334.)

Arrêtons-nous sur ce dernier mot. Le portrait qu'a tracé Saint-Simon est sincère et fidèle Il a compris le règne d'Henri IV, il a jugé l'homme et le roi en historien consomme. S'il a été sévère pour les faiblesses du prince, il a vu clairement les ressorts de sa politique, les a loués sans réserve, et malgré la pensée hautement avouée du Parallèle, il a rendu à la vérité un tel hommage que sa conclusion trouve ici sa place naturelle, lorsqu'il répète en terminant la dernière comparaison entre les trois rois :

« On ne peut trop admirer l'adresse, la patience, la sagacité d'Henry IV, de quelle façon il s'en tira pour occuper et accoustumer ensemble les huguenots et son nouveau parti de catholiques, comme il sceut nager entre les uns et les autres, tirer de chaque chef et de chaque personnage tout ce qui estoit possible, les suivre de l'œil et les contenir dans le cabinet, dans les camps, dans les combats ; faire ses choix et ses combinaisons avec prudence et justesse ; savoir tirer parti de tout et employer chacun où il convenoit le mieux. »

Tel fut Henri IV.

II. — LOUIS XIII.

Saint-Simon, qui avait su se montrer historien et dominer ses passions, allait-il échouer en abordant le portrait de Louis XIII ?

Il avait dix-huit ans quand il perdit son père, âgé de quatre-vingt-sept ans. En écoutant les récits du vieillard, il avait appris tout jeune à aimer le passé et l'histoire ; et avec l'empreinte de ces premières émotions, il reçut comme un legs pieux le culte du roi que son père avait servi. « C'étoit disent les Mémoires, la vénération, la reconnoissance, la tendresse même, qui s'exprimoit par la bouche de mon père toutes les fois qu'il parloit de Louis XIII. » Saint-Simon avait hérité de ces sentiments. On a vu que, pour leur rendre un plus digne hommage, il mit la main au Parallèle. Piété filiale digne à coup sûr de notre respect, mais qui doit en même temps nous mettre en garde contre les entraînements de la passion chez un écrivain qui se pique toujours d'impartialité et qui s'en est montré si rarement capable ! Au moins, ne pouvons-nous pas nous plaindre d'être pris au dépourvu. L'auteur nous a découvert son dessein ; parcourons avec lui la triste existence d'un roi dont la postérité a pris coutume de dire qu'il ne fut grand que par son père et par son fils.

Dès ses premières années, l'éducation de ce prince forme un frappant contraste avec celle de son père. « Henri IV fut à l'école de l'adversité, » Louis XIII à celle de la grandeur et de la paix florissante. » Il aurait fallu que son éducation réagît contre ce principe de mollesse. Malheureusement sa mère était là ; « pour jouir tranquillement de sa fortune, il falloit à cette régente un fils qui n'eût que le nom de roi. » Dominée par ses courtisans, elle le laisse croupir dans l'oisiveté, l'inutileté, l'ignorance. Saint-Simon est sévère, il paraît dur : il l'est moins que la réalité, telle que nous la montrent les témoignages les plus véridiques. Le médecin Héroard, attaché par Henri IV à la personne de son fils le jour de sa naissance, n'est guidé par aucune passion. Dans son journal, il n'y a pas une ligne, pas un mot qui trahisse une haine, une visée secrète, un sentiment personnel. Il accumule des faits, rien que des faits, et il en ressort contre ceux qui ont élevé Louis XIII des preuves accablantes qui justifient tout ce que laisse entendre l'auteur du Parallèle. « Le roi, continue Saint-Simon, s'est plus d'une fois plaint amèrement à mon père, dans la suite, en parlant de son éducation, qu'on ne lui eût pas même appris à lire, » en lui répétant qu'on l'accablait des plus durs traitemens « et qu'on s'appliquoit à l'abattre par la solitude, l'ignorance et la plus austère contrainte et captivité. »

« Après avoir renversé Concini, Luynes n'avoit garde de laisser ouvrir les yeux à son jeune maître. » Tout en le conservant prisonnier, il eut l'art de « donner cours à la joye d'une première liberté et à l'apparance de la toutte-puissance, en nourrir, en amuser le prince, le forcer de se reployer sur ce faste et sur les plaisirs dont il devoit estre si affamé dans leur entière nouveauté pour luy, l'empêtrer par l'embarras des affaires et du gouvernement où tout lui estoit, et hommes et choses, entièrement inconnu, et gouverner ainsy en plein, en luy faisant accroire que c'étoit désormais luy qui gouvernoit et dont les volontés estoient les seules respectées... Ce fut le chemin qui porta Luynes et ses deux frères à la monstrueuse fortune où ils parvinrent avec une rapidité si prodigieuse et qui mit l'espée de conétable dans une main qui jusqu'à ce comblé avoit si peu manié les armes. C'est aussy ce qui m'a fait pousser la captivité d'esprit, si non de corps, au delà de la tyrannie de Marie de Médicis et la porter jusqu'à la mort de Luynes, qui jouit si peu de la première dignité du royaume. » (P. 35.)

Quand Luynes mourut, Saint-Simon assure que Louis XIII commençait à ouvrir les yeux. « Il étoit honteux d'une telle élévation arrachée à son âge... Il le trouvoit chargé d'une grandeur qui prenoit trop d'autorité, il l'a souvent dit à mon père et s'est plaint à luy bien des fois de la surprise de l'ambition et de l'abus qu'il en faisoit. » (P. 37.)

Le roi avait vingt-trois ans quand disparut ce gênant favori. Enfin Louis XIII allait régner.

Qu'était devenue la France pendant sa longue minorité ? Quels appuis le jeune roi allait-il trouver parmi les anciens serviteurs de son père ?

Embarras à sa majorité. Acccepterait-il le secours de ces partis qui « retenoient dans leurs rangs les premiers de l'estat ? Louis XIII ne pouvoit se livrer à pas un d'eux qui tenoient tous fort étroitement encore, les premiers aux Espagnols et aux ultramontains, les seconds aux protestans d'Allemagne et d'Angleterre, à la Hollande et jusques au Nord. Les premiers avoient peine à se défaire de cet esprit de domination que leur parti avoit exercé avec une si longue et si pernicieuse tyrannie, les autres de cet esprit d'indépendance et de ces funestes veues d'avancer toujours peu à peu dans leur ancien projet de former un estat dans l'estat, et une manière de république dans le royaume, tous deux appuyés de puissances étrangères avec lesquelles ils conservoient chérement et réciproquement une dangereuse liaison. Les premiers se promettant tout du génie espagnol et ultramontain des deux reines, les seconds un appuy certain de leurs places de sûreté et de leurs protecteurs estrangers pour les maintenir par l'intérêt de ces mêmes puissances, et l'un et l'autre à l'abri du nom de leur religion. » (P. 23.)

Au milieu de la sourde fermentation de ces personnages et de la faiblesse du gouvernement, où Louis XIII pouvait-il trouver « confiance, sûreté ou repos ? » Lui était-il possible de se jeter dans les bras de Marie de Médicis ou de son frère Gaston ? A cette question, Saint-Simon répond par leurs portraits.

« Sa mère étoit Italienne, Espagnole, sans connoissance aucune et sans la moindre lumière, dure, méchante par humeur et par impulsion d'autruy, et toujours abandonnée à l'intérest et à la volonté de gens obscurs et abjects qui, pour dominer et s'enrichir, luy gastoient le cœu et la teste, la rendoient altière, jalouse, impérieuse, intraitable, inaccessible à la raison, et toujours diamétralement opposée à son fils et aux intérests de la couronne ; de plus, changeante, entreprenante selon qu'elle changeoit de conducteurs et de gens qui la gouvernoient, leurs caprices et leurs nouveaux intérests ; d'ailleurs, sans discernement aucun et comptant pour rien les troubles, les guerres civiles, le renversement de l'estat, en comparaison de l'intérest et des volontés de cette lie successive de gens qui disposoient tour à tour absolument d'elle. — Un frère qui, avec de l'esprit et le don de la parole, se laissoit gouverner avec la même facilité et la même dépendance que la reine leur mère, qui n'avoit aucun genre de courage avec très-peu de sens et de discernement, des pointes de fougue qui l'excitoient aisément et une faiblesse qui craignoit tout et ne sçavoit résister à rien ; toujours prest à brouiller et à s'en repentir, et roulant sans cesse dans ce cercle de révoltes, de partis et d'accommodemens, sans sçavoir rien soutenir après l'éclat, ny se procurer un accommodement honneste, beaucoup moins à ceux qui l'avoient suivi, aussy facilement empaumé que séparé d'eux, et glissant avec une égale

3.

facilité des mains du roy, et de celles de sa mère et des partisans qui s'estoient attachés à luy. Malgré des défauts si propres à le dénuer de tout parti, il en eut toujours tant qu'il voulut par la longue stérilité du mariage de Louis XIII et la mauvaise santé de ce prince, qui firent regarder Gaston, vingt-deux ans durant, comme l'héritier présomptif de la couronne, et depuis que le roy, de plus en plus d'une santé menaçante, eut des enfans, firent considérer son frère comme le futur et prochain administrateur du royaume, sous la reine sa belle-sœur, avec qui il estoit de tout tems dans une liaison intime et personnelle par la communauté de leurs haines et de leurs affections. » (P. 21.)

« Ordinairement, continue ailleurs Saint-Simon, le mariage émancipe ; mais ici, par un prodige des mêmes inclinations et tôt après des mêmes intérêts, les deux reines se reconnurent dès avant d'arriver à Paris ; elles s'attachèrent, c'est trop peu dire, elles s'amalgamèrent si hermétiquement l'une à l'autre qu'elles ne firent plus qu'un, au grand malheur du jeune époux, et que rien ne put jamais les déprendre le moins du monde l'une de l'autre, non pas même la séparation forcée de Compiègne. »

« C'estoit donc d'une mère, d'un frère unique et d'une espouse que Louis XIII avoit continuellement à se garder. Ce malaise domestique estoit extrême et continuel... Telle fut la cause de la grandeur de Richelieu et des favoris qu'eut Louis XIII. » (P. 23.)

Dans une autre partie du Parallèle, Saint-Simon aborde enfin le problème des rapports du roi et du cardinal. Il devine lui même notre curiosité.

Gouvernement de Louis XIII

« Venons maintenant, dit-il, au gouvernement de Louis XIII. C'est icy sans doute qu'un lecteur m'attend. Un gouvernement obombré d'un premier ministre tel que le cardinal de Richelieu, entre Henry IV qui a esté luy-même le sien dans les tems les plus difficiles et Louis XIV qui a toujours voulu paroistre estre aussi le sien, et l'un et l'autre non moins avides de louanges et d'éloges que très-jaloux de gloire, ne doit pas briller, enseveli dans la modestie c'est trop peu dire, dans le plus sincère mépris de soy-mesme, du seul qui ait pris à tâche de tarir les louanges et qui en soit venu à bout entre tous nos roys ..... Pour bien juger de son gouvernement, il y a trois points qu'il ne faut pas perdre un moment de vue : sa déplorable éducation et jeunesse jusqu'à la mort du maréchal d'Ancre ; ses malheurs domestiques, qui, sans la plus petite faute de sa part, lui ont fait de ce qu'il a eu de plus proche, de ce qui devoit estre le plus cher : sa mère, son frère unique et sa femme vingt ans stérile, ses ennemis les plus acharnés et les plus dangereux ; enfin cette humilité si vraie et si unique dans un grand roi, et ce détachement de soy-même d'autant plus héroïque. qu'il fut toujours égal et parfait, qu'il extirpa tout éloge, qu'il les vit d'un œil serain et tranquile pleuvoir à versé sur Richelieu dans tous les tems. » (P. 160.)

Saint-Simon retrace ensuite à grands traits ce qu'il appelle lui-même un « crayon du dedans et du dehors. » Il nous montre les troubles intérieurs, la puissance politique des huguenots, les restes mal éteints de la ligue, les grands seigneurs sans cesse à l'affût d'un embarras, à chaque éclat enfin « tout se partialisant à la cour et jusque dans les provinces, sans que personne pust demeurer neutre, et l'impuissance de l'autorité royale se voyant enfin à descouvert. » Au delà des frontières, les difficultés n'étaient pas moindres : il fallait contrebalancer la prépondérance de la maison d'Autriche en Allemagne. sans rompre l'équilibre au profit des princes protestants, la surveiller en Italie et se montrer vigilant partout au dehors avec les forces affaiblies d'un royaume que les factions s'apprêtaient à déchirer.

« Telle estoit, continue l'auteur, la situation de l'Europe et celle de la France dans son intérieur quand Richelieu fut déclaré premier ministre. Il faut donc convenir que, si jamais un premier ministre a esté nécessaire, ce fut alors pour un roy de vingt-trois ans qui en avoit passé seize pour ainsi dire dans un cachot, tenu dans la plus profonde ignorance et solitude et les quatre années suivantes avec les bésicles que Luynes lui avoit attachées. Deux ans et demi pouvoient-ils l'avoir instruit des personnes, des affaires, du gouvernement du dedans et du dehors parmy les trop justes défiances de ce qu'il avoit de plus proche et dans la complication d'affaires domestiques et estrangères si importantes et si difficiles à manier ? On est donc réduit pour peu qu'on veuille écouter la raison à convenir de la nécessité d'un premier ministre qui pust suppléer à ce que Louis XIII n'avoit pu acquérir. De cette conséquence certaine, il en résulte une autre qui ne l'est pas moins. C'est qu'on ne peut refuser la plus grande admiration à un roy de cet âge qui ne fait que commencer à gouster la liberté, l'autorité, de pouvoir souverain, qui, par ce qu'il a fait à la guerre, même dans les affaires, a tout lieu d'estre content de soy, et touttesfois qui est supérieur à cette yvresse si naturelle d'opinion de soy-même, qui conserve asses de sens, de jugement, de raisonnement pour sentir le besoin d'un tel secours, enfin qui a sur soy le pouvoir de se le donner par l'extrême envie de bien faire, et, pour le choix, de souffrir que la lumière dissipe les nuages, que l'attachement de Richelieu pour la reine-mère avoit formés contre luy dans son esprit, l'esprouver, le suyvre, le discuter pour ainsy dire dans le conseil et dans les entretiens peu à peu particuliers sur les affaires... Admirons donc la justesse de tact de Louis XIII, auquel seul ce choix si excellent est deu, puisque le goust n'y entra pour rien et qu'il fut déclaré avant qu'on pust s'y attendre. C'est cette connoissance si rare, ce don de discernement surtout lorsqu'il triomphe du goust et des répugnances qui fait la partie la plus intégrante du grand art de régner. Les roys sont hommes, leur teste ni leurs tems ne peut suffire à tout (P. 166, 169.)

Avant de pénétrer plus avant dans son sujet, l'historien donne pour titre à ce qui va suivre :

« Mon entière impartialité sur le cardinal de Richelieu. » « Si je donne des louanges au cardinal, je n'y suis porté que par la justice. Mon père devoit tout au roi et rien à lui. » Saint-Simon raconte avec complaisance les rapports de son père avec Richelieu, et la conversation tenue dans la nuit où le favori réveillé vit s'asseoir sur son lit le cardinal, qui venait lui confier ses inquiétudes et lui demander conseil ; il fait le récit complet de la journée des dupes (1), où Claude

____

(1) Ce morceau qui a été donné, pour la première fois par la *Revue des Deux-Mondes* en 1834 et qui a été publié depuis par tous les éditeurs

de Saint-Simon, uniquement par intérêt pour le roi, avoit conseillé de rappeler Richelieu, dégoûté par les cabales, congédié par la reine mère et prêt à gagner son gouvernement du Havre, Il rassemble plusieurs faits et se demande enfin si Richelieu a gouverné son maître.

« Les grandes choses, dit-il, qui ont rendu ce règne si glorieux, le rasement des forts de la Valteline et les Grisons rétablis dans leur souveraineté et maistres de leurs passages, l'abattement entier des huguenots et des restes de la ligue, l'abaissement de la puissance de la maison d'Autriche, par l'entrée et les exploits du roy de Suède en Allemagne, le soutien si admirable de ce parti après la mort de Gustave, les affaires d'Italie si heureusement terminées, l'acquisition des trois Éveschés, la révolution de Portugal et tant d'autres moindres, mais touttes également difficiles et importantes, avec le maintien de la religion catholique et de son exercice partout où il avoit esté avant l'occupation des Suédois et des autres potentats d'Allemagne, éviter de se brouiller avec Rome ni trop avec la ligue catholique d'Allemagne, sont généralement attribuées au puissant génie du cardinal de Richelieu. Je ne prétends pas luy vouloir contester d'avoir esté en ce genre le plus grand homme que les derniers siècles ayent produit, mais il n'est pas moins vray qu'aucune des grandes choses qui se sont exécutées de son temps ne l'ont esté qu'après avoir esté délibérées entre le roy et Richelieu dans le plus profond secret. Qui donc peut dire, puisqu'il n'y avoit point de tiers, quelle part chacun d'eux a eue à les concevoir le premier, à les digérer, à décider sur la manière de diriger et d'exécuter, lequel des deux a ajouté, diminué, corrigé? Si on peut très-aisément penser que Richelieu y a eu la meilleure part et quelquefois toutte entière, peut-on raisonnablement contester que Louis n'y en ait pas eu aussy? et, puisqu'elles n'ont pas eu leur exécution sans son approbation, sa volonté, son concours de roy et de maistre, il les a donc bien entendues et comprises, il en a senti tout le bon, tout le possible, tous les moyens, toutte la conduitte. Je le répète, on ne luy nia jamais l'esprit, la valeur, la capacité militaire, le goust du grand. Joignons-y cette modestie, cette hu-

des Mémoires d'après le texte de la *Revue*, n'appartenait à aucun ouvrage connu de Saint-Simon ; nous l'avons retrouvé dans le Parallèle, avec de très-légères variantes.

milité, ce mépris, ce détachement de soy-même, cette aversion des louanges si sincère qu'il les tarit, cette tranquille sérénité avec laquelle il en vit combler son premier ministre, et il en résultera qu'on ne peut avec justice oster à Louis une très grande part à tout ce qui s'est conceu et exécuté de grand pendant son règne, et qu'en même temps il n'estoit pas possible que toutte la gloire n'en revînt dès lors à Richelieu et ne luy soit depuis demeurée. Quel comble de gloire pour Louis XIII de la sçavoir également mériter et mépriser, et que cette sorte de gloire est héroïque et unique ! » (P. 173.)

Quel que soit le sentiment de celui qui lit ce passage, que, dans le débat sur ce point obscur de l'histoire, il se range avec la majorité des écrivains du côté du tout-puissant ministre ou qu'il tienne pour méconnus les mérites cachés du roi, il doit convenir que Saint-Simon discute ce problème avec une force et une modération qui touchent. Nous sommes bien loin du grand seigneur arrogant et dédaigneux qui tranche et qui condamne ; point de colère ni d'exagération en une matière où l'auteur met cependant tout son cœur : il sait en refouler les élans pour garder le ton calme du juge. C'est avec la même possession de lui-même et de son style qu'il poursuit le raisonnement. « On ne peut savoir, dit-il, ce qui se passoit tête à tête entre Louis XIII et Richelieu dans leurs délibérations secrètes que par des indices. » Aussi les recueille-t-il avec soin et s'arrête-t-il quelque temps au récit de deux circonstances dans lesquelles aurait éclaté le désaccord entre le roi et le ministre.

C'était en 1629, pendant l'expédition contre le duc de Savoie. L'armée royale se trouvait arrêtée par les fameuses barricades de Suze élevées par Charles-Emmanuel, pour se donner le temps d'attendre les Impériaux et les Espagnols dont les troupes venaient à son secours. D'après Saint-Simon, les trois maréchaux Schomberg, Créquy et Bassompierre estimant la marche en avant impossible, le cardinal aurait représenté au roi « la nécessité d'une prompte retraite par les raisons des lieux, des logements, des vivres, de la saison qui feroient périr l'armée. » — Louis XIII tint bon et mit son obstination à chercher lui-même un passage à travers des sentiers affreux, en prenant pour guides les chevriers. A en croire le fils du favori, le roi aurait découvert le chemin, formé seul et fait adopter le plan qui aurait permis peu de jours plus tard d'enlever le Pas-de-Suze et de terminer glorieusement la guerre (1).

Le second exemple qu'invoque notre auteur est de 1636. Lors de la prise de Corbie, en présence de la panique qui s'empara de Paris, que se passa-t il entre le roi et le cardinal? Dans le conseil auquel assistait Claude de Saint-Simon, son fils assure que Richelieu aurait « opiné à des partis faibles, parlant de la retraite du roi au delà de la Seine » et même suivant quelques-uns au delà de la Loire. Le conseil fut ébranlé : seul, le roi tint bon, réfutant « cet avis » par les plus fortes raisons, alléguant que sa retraite ne feroit qu'achever le désordre, précipiter la fuite, resserrer toutes les bourses, perdre toute espérance, décourager ses troupes et ses généraux. » Il expliqua aussitôt le plan qui devait être suivi, donna les ordres à son premier écuyer en vue de son prochain départ pour Corbie, ajoutant « que le reste le joindroit quand il pourroit. Cela dit d'un ton à

(1) Le récit de la conduite de Louis XIII au Pas-de-Suse se trouve dans les *Mémoires. Édit. Boislisle*, t. I, p. 172, et plus longuement dans l'un des fragments inédits donnés par la *Revue des Deux-Mondes* en 1834 et publié de nouveau *ibid.*, p. 492. On y trouvera les citations qui font croire que Saint-Simon a exagéré le rôle de Louis XIII dans la confection du plan, à la réalisation duquel il contribua par un courage personnel que nul n'a contesté.

n'admettre point de réplique, se lève, sort du conseil, et laisse le cardinal et tous les autres dans le dernier étonnement (1). »

Ce n'est pas ici le lieu de discuter la valeur historique de ces anecdotes dont Saint-Simon garde à lui seul la responsabilité et qui provoqueraient en elles-mêmes plus d'une observation. Ce qu'il faut bien déterminer, c'est le parti qu'en tire l'auteur du Parallèle. Selon lui, Louis XIII demeurait le maître.

Louis XIII comprend Richelieu.

« De conclure, toutefois, avait-il soin d'ajouter, que Richelieu n'eust pas un très-grand crédit sur l'esprit du roy, ce seroit une autre extrémité fort vicieuse : il le servit si bien et si grandement, il le soulageoit de tant de détails, il luy servoit si utilement de plastron à tant de choses embarrassantes qu'il estoit bien naturel que Louis se portast aisément à suivre ses conseils en grand et à faire d'ailleurs ce qu'il désiroit. C'est ce que tous les tems racontent des plus grands et des plus judicieux rois à l'égard des ministres d'une capacité supérieure et c'est entre une infinité de louanges une de celles que mérite Louis XIII d'avoir sceu discerner les propositions de son premier ministre sans opiniâtreté, sans faiblesse, sans jalousie, profiter sagement et s'adapter un génie si vaste, si grand, si lumineux pour le bien de son royaume et pour son propre soulagement. Le maistre et le ministre estoient donc tellement distincts que chacun d'eux demeuroit en sa place et tellement un par la confiance et par l'espérance qui la fortifioit sans cesse qu'il n'est pas possible de distinguer dans le gouvernement ce qui venoit de l'un ou de l'autre. »

Après avoir lu ces fragments sur les rapports du roi et du

______

(1) Saint-Simon ajoute à ce récit : « Le cardinal demeura à Paris attendant l'événement et ne joignit le roy que lorsqu'il n'y eut plus rien à craindre. » (P. 50.) En fait, ceci est complètement inexact. Le roi partit le 1ᵉʳ septembre, le 4, Richelieu s'acheminait vers l'abbaye de Chaalis-la-Victoire, se tenant à portée du roi qui était à Chantilly, puis à Senlis, d'où se préparait l'offensive. (V. Marius Topin, *Louis XIII et Richelieu. Lettres de Louis XIII à Richelieu.*)

cardinal, peut-on refuser à Saint-Simon l'impartialité dont il se vante avec tant de complaisance au moment où il commence ce chapitre? Pour qui est familier avec son style chargé de passion et tout en relief, rien de plus surprenant que le contraste qui nous est offert par cette page où il refoule ses sentiments, suspend sa conclusion, pèse les arguments, où il fait en quelque sorte œuvre de critique et se montre moins peintre qu'historien. Il y a là un effort d'esprit d'autant plus intéressant à signaler, qu'il est plus rare dans les Mémoires et qu'en parlant du roi auquel il avait voué un culte, Saint-Simon avait plus de peine à se garder de tout excès.

C'est en traitant des vertus privées de Louis XIII que l'auteur du Parallèle se laisse aller aux élans de son cœur ; l'austérité de Saint-Simon est connue : sa colère contre les bâtards ne vient pas seulement d'une querelle de vanité ; il a toujours vu en eux le signe vivant d'un double adultère. Des désordres de Louis XIV, des faiblesses même de Henri IV, il ne peut parler de sang-froid, et on ne rencontre pas sous sa plume un mot d'excuse pour ces entraînements envers lesquels ses contemporains se montraient si indulgents. Sur le père et sur le fils de Louis XIII, sur leurs descendance illégitime, l'historien venait de s'exprimer sincèrement; il arrive à son héros :

Vertu
de Louis XIII.

« Ce n'est pas, dit il, que l'amour n'ait point eu de prise sur luy, mais il a sceu s'en défendre et le dompter. Je ne craindray pas d'en donner la preuve transcandante, quoyqu'aux dépens de mon père. C'est un hommage que je dois à la vérité et à un si grand exemple, et mon père qui m'a souvent raconté ce fait si rare, me sçauroit gré luy-mesme, s'il estoit au monde, de l'usage que j'en fais icy. Il estoit fort jeune et fort galant, il avoit six ans de moins que Louis XIII ; il n'estoit pas dans un âge à se faire un scrupule des bonnes fortunes, ny à comprendre qu'un homme

Mlle d'Hautefort

bien amoureux s'en tînt là volontairement. Les Mémoires de ces temslà sont pleins des empressemens de Louis XIII pour Mlle d'Hautefort, fille d'honneur de la reine, du goust si marqué qu'il avoit pour elle, et de la cour que les ministres, les généraux, le cardinal de Richelieu mesme luy faisoient. C'est la première fille qui soit devenue dame d'atours de la reine, et la première qui, sous prétexte de sa charge, ait esté appelée madame, quoy que fille, parce que Louis XIII voulut luy donner ces deux distinctions. Il parloit d'elle à tous momens à mon père, qui estonné de ce que tout se passoit en soins et en discours auprès d'elle, imagina que le roy peut estre embarrassé de luy faire des propositions, seroit fort aise d'en estre soulagé par un autre. Il dit donc enfin au roy qu'il avouoit qu'il ne le comprenoit pas, que depuis longtems il cherchoit Mlle d'Hautefort partout, qu'il ne parloit qu'à elle, qu'il n'estoit occupé que d'elle, que dès qu'il estoit en particulier, en liberté, il ne parloit que de ses charmes, qu'en un mot il en estoit passionnément amoureux, qu'il estoit jeune, bien fait, roy de plus, qu'il n'avoit apparamment qu'à dire un mot pour estre heureux, que s'il estoit embarrassé de le dire luy-même, il s'offroit de parler pour luy, et luy répondoit que ce seroit avec un prompt succès. Louis XIII l'écouta jusqu'au bout, puis luy dit: « Vous me parlez bien là en jeune homme qui ne pensez qu'au plaisir. Il est vray que je suis amoureux, je n'ay pu m'en défendre parce que je suis homme et sujet aux sens ; il est vray que je suis roy, et que par là je puis me flatter de réussir si je le voulois, mais, plus je suis roy et en estat de me faire escouter, plus je dois penser que Dieu me le défend, qu'il ne m'a fait roy que pour lui obéir, en donner l'exemple et le faire obéir par tous ceux qu'il m'a soumis. Plus je suis amoureux, plus je ne puis me surmonter assés pour ne pas rechercher à voir et à parler de celle qui m'a blessé les yeux et le cœur, plus je dois faire d'efforts pour me surmonter moy-même, et si je me permets des amusemens que les occasions et l'humanité m'arrachent, plus je dois estre en garde contre le crime et le scandale, et demeurer le maistre de moy-même. Je veux bien vous faire cette leçon et vous pardonner votre imprudence, mais qu'il ne vous arrive jamais d'en faire une seconde de cette nature avec moy. » Saint-Louis eût-il pu parler un autre langage ? Quelle pureté d'âme ! quelle force sur soy-même ! quel prodige dans un jeune roy amoureux ! Mais quel contraste avec son père et son fils, et avec presque tous les roys du monde ! Mon père demeura muet et confus. Ce grand et rare trait luy fut présent le reste de sa vie et le combla sans cesse de la plus grande admiration. » (P. 77.)

Plus d'un lecteur se souvient sans doute de cette anecdote pour l'avoir trouvée dans les Mémoires ; qu'on recherche le passage afin dé comparer l'allure des deux récits, leurs proportions différentes, et l'on saisira l'un des mérites les plus singuliers de notre écrivain, retraçant les mêmes souvenirs, rapportant le même fait, sans jamais le revêtir des mêmes formes, et sans pourtant altérer le fond du récit. Il lui arrive de se tromper, sa passion peut l'égarer, mais sa mémoire est tenace, et, à vingt ans de distance, un incident qui l'a frappé sera raconté avec une entière nouveauté d'expressions, évitant à la fois une copie servile ou des variantes suspectes.

M. Cousin n'a pas connu la réponse de Louis XIII à Claude de Saint-Simon sur Mlle d'Hautefort ; il n'aurait pas manquer de la citer, lui qui a si bien deviné les souffrances de « ce cœur mélancolique et chaste (1). » A défaut de cette anecdote, il en rapporte une autre connue de tous les contemporains et que Saint-Simon raconte également. Nous verrons quel tour notre auteur sait donner d'un mot aux plus simples récits : « C'est ce roy, dit-il au cours d'une note sur celle qui fut la maréchale de Schomberg, qui, tâchant de prendre un billet des mains de Mlle d'Hautefort qu'elle ne vouloit pas luy montrer, respecta l'asyle de sa gorge, où elle le jeta, comptant bien qu'avec luy le billet y seroit en seureté... » Jusque-là, rien que de banal ; écoutez les deux lignes qui suivent : « Et voilà l'action dont sa cour se moqua, mais que les Romains auroient immortalisée et que les saints connoissent. » (Duchés-Pairies, p. 162.) Ainsi d'un coup d'aile il s'envolait soudain, se sentant heureux de rendre aux vertus de Louis XIII, en quelque lieu qu'il écrivît et en rom-

(1) Victor Cousin, *Madame de Hautefort*, p. 8.

pant avec les formes vulgaires, un hommage dont son cœur ne se lassait pas.

De ce portrait, tel que nous le donne l'auteur du Parallèle, ressortent clairement les défauts du roi et les humbles mérites de l'homme. Voyant avec une « tranquillité incomparable » passer sur la tête de ses serviteurs « une infinité de grandes choses qui n'estoient dues qu'à luy seul, » méprisant le monde, vivant en pénitent, on ne peut pas dire que ce prince fût faible, car « il se défioit de lui-même avec lumière. » (P. 81.) Fort préoccupé de ne nuire à personne, il surveillait ses propres amusements. Il aimait toutes les sortes de chasses, mais il voulait que « ni la dépense, ni le temps ne coûtast jamais à ses affaires, ni à ses sujets. Il estoit même scrupuleux à réparer le tort que ses chasses pouvoient faire. Mon père m'a conté que ce prince estant au vol, cette chasse s'arresta assez longtemps dans un champ où le blé commençoit à pousser qui fut si maltraité du piétinement des chevaux qu'il luy ordonna de payer le propriétaire sur le pied d'une année commune de récolte ; mon père le fit et, curieux après de sçavoir ce que seroit devenue cette production, il apprit qu'elle avoit esté comme dans les meilleures années. » (P. 81.)

Louis XIII avait un goût marqué pour la règle : l'ennui maladif qui l'accompagnait ne favorisait aucun désordre. « Sa familiarité, remarque Saint-Simon, qui en éclate d'admiration, estoit mesurée aux degrés de la noblesse, il aima et distingua la vraie noblesse, le mérite, l'âge, les dignités, les charges, les emplois, les services avec un sage et juste discernement. Il détesta et empêcha la confusion, les insolences, les entreprises ; il voulut l'ordre et la règle partout. Il montra sans cesse qu'il estoit persuadé que sa grandeur consistoit dans le nombre et la distinction des divers degrés qui s'élevoient depuis les plus bas jusqu'à celuy de fils de France. » (P. 82.) Entre la familiarité d'Henri IV et la froideur de Louis XIV, « Louis XIII également bon et magnanime, digne et familier, sut tenir un milieu qui eût deu estre conservé par son successeur. »

Tels sont les fragments épars du portrait dont Saint-Simon étudie tous les aspects avec une sympathie particulière et qu'il semble essayer en quelque sorte à plusieurs reprises dans tout le cours du Parallèle. Voici une des meilleures esquisses dans laquelle est dépeint le caractère du roi :

« Louis XIII, droit, franc, vray, par l'excellence de son cœur, par la grandeur de son âme, par la simplicité de ses mœurs, par l'exactitude de sa vertu, par la magnanimité de ses sentimens, par sa piété sincère, poussa peut-estre trop loin la modestie, l'indifférance personnelle, le mépris, disons plus, la haine des louanges, la défience de soy-même. Je l'ay dit et je ne croy pas inutile de le répéter icy, luy seul ignora sa valeur, ses exploits, sa capacité militaire, tout ce qu'il eust d'autres talens, et en laissa passer la gloire à d'autres par les plus grands monumens d'éloges qu'il ne daigna jamais apercevoir quoy qu'il ne les pust méconnoistre. C'est ce qui a comme enfouy tant de parties grandes, sublimes, tandis que tout a retenti des merveilles du cardinal de Richelieu et des capitaines de ce monarque, qui ne se picquoit de rien que de ses devoirs d'homme et de roy, et plus que de tout, de ceux d'un parfait chrestien, mais uniquement pour Dieu et pour soy-même. L'immensité de la grandeur de Dieu, dont la considération habituelle et l'adoration en esprit et en vérité l'occupoit intérieurement sans cesse, le monstroit luy-même à luy-même comme un néant, et le monde comme un point dont toutte la gloire est vaine ; il n'ouvroit les yeux que sur la misère et la foiblesse humaine, il ne pouvoit comprendre qu'il y eust rien qui la deust enorgueillir, et travaillant sans cesse de corps et d'esprit dans l'estat de monarque où Dieu l'avoit fait naistre, il ne pensoit qu'à s'acquitter de son mieux devant luy du travail qui luy estoit prescrit par la Providence, il se regardoit toujours comme un serviteur inutile, et considéroit comme un jardin les louanges qu'il gousteroit de ses travaux, tandis qu'il les laissoit aux autres par équité pour leur mérite, par raison pour les soustenir, les encourager, les récompenser, et par justice sur soy-même qui ne vouloit pas s'appercevoir de tout le grand qui estoit en luy, mais croire que rien en ce genre ne luy estoit deu. Sa tempérance luy fit méconnoistre tous les plaisirs excepté la musique et la chasse pour se délasser. Point de jeu, peu de bastimens, où Henri IV avec toutte sa parcimonie avoit esté prodigue. Louis XIII fut exact à récompenser les services et la vertu et partout religieux avec lumière et discernement. Il fut aussy très-bienfaisant et très-occupé du bonheur de ses peuples, sans affectation et sans songer à l'applaudissement, mais par bonté d'âme, par humanité, comme estant chargé de ce soin par celuy à qui il en devoit rendre compte. » (P. 118.)

Au terme de cette analyse, que devons-nous penser de l'œuvre poursuivie par l'auteur du Parallèle?

Par une singulière rencontre, cet écrit voit le jour à une époque où plus d'un historien essaie de relever la mémoire du roi auquel la France ne saurait oublier qu'elle doit les dix-huit années du gouvernement de Richelieu. A coup sûr, plus que personne Saint-Simon a voulu grandir Louis XIII. Ne cherchons pas ici uniquement une page d'histoire ; nous venons de lire les fragments d'une défense, un essai de réhabilitation Qu'en doit il rester dans l'esprit? Quelle est la part de la vérité et celle de la louange? L'art du peintre n'est-il pas souvent d'embellir le modèle sans altérer complètement aucun trait? Saint-Simon a eu raison de dénoncer une éducation coupable : sur ce point, il n'en pouvait trop dire. Il a mis habilement en lumière l'épanouissement de ce jeune homme que tout avait préparé à être « un parfait automate » et qui sut montrer du courage personnel, une volonté persistante, et par-dessus tout fut capable de discerner un esprit supérieur, de se fier à lui, de comprendre ses desseins et de le défendre. Entre l'enfant qui grandit dans l'étiolement et le maître qui appelle, garde et soutient un ministre de génie, il y a un contraste que Saint-Simon fait ressortir en termes qui ne s'effaceront pas. Ces pages font pardonner les entraînements de l'écrivain quand il veut élever au premier rang les talents militaires du fils de Henri IV. Ici, ce n'est plus l'historien, c'est le panégyriste qui parle. Que dire ensuite du tableau de ses vertus privées, de son humilité, de sa modestie, de son horreur des flatteries ? Il y a là des traits que ne dément pas entièrement l'histoire. Voyez avec quel soin Saint-Simon recule devant un éloge, lorsqu'il est manifestement contraire à la vérité ; il énumère les mérites du roi : il insiste sur la piété et la justice ; il ne dira rien ni de la douceur, ni de la pitié. Des sévérités royales, des exécutions sanglantes, il ne parlera que pour s'écrier, après de longs récits tout entremêlés de portraits comme il aime à les tracer : « Quant aux têtes coupées, que leur sang retombe sur la reine et sur Gaston. » Dur aux coupables, doux à son peuple, fidèle à son ministre, voilà Louis XIII, tel que le peint Saint-Simon. Qui peut se plaindre, étant donné le but de l'auteur, de l'infidélité du portrait ?

III. — LOUIS XIV.

Le duc de Saint-Simon venait de juger Louis XIV en des pages incomparables que son génie avait disséminées dans la première moitié de ses Mémoires ; lorsqu'il reprit la plume pour écrire le Parallèle, il avait à se défendre également des contradictions et du plagiat envers lui-même. Ses convictions étaient trop réfléchies pour que ses jugements fussent variables ; son imagination trop féconde pour que ses récits fussent identiques. De là est sorti un dernier portrait n'altérant en rien l'unité de la ressemblance, mais avec des nuances nouvelles et certaines touches qui accusent les reliefs et complètent la physionomie.

Dès l'enfance de Louis XIV, l'auteur rencontre un des personnages que poursuit sa passion la plus injuste. Il ne peut écrire le nom de Mazarin sans y ajouter un jugement inspiré de l'esprit de la Fronde qui animait, à cent ans de distance, le grand seigneur du xviii° siècle. « S'il eut, dit-il, une mère plus douce, plus tendre, plus mesurée que Marie de Médicis, Louis XIV eut le malheur de tomber avec elle et avec l'Estat entre les mains d'un obscur Italien, dont l'unique intérest brouilla tout, perpét a la guerre et mit par deux fois le royaume à deux doigts de sa perte. » (P. 12.) Mazarin donna au jeune roi un gouverneur « qui l'étouffa dans la mesme ignorance que son père. Il a raconté quelquefois avec une sorte d'amertume qu'il estoit abandonné au point qu'on le trouva une fois tombé dans le bassin du Palais-Royal, où il estoit alé seul. (P. 13.) Néanmoins l'éducation du fils fut moins funeste que celle du père : « Louis XIII avoit esté abattu ; Louis XIV ne fut que retenu. (P. 16.) « Les Parlements, les ligues firent sentir de bonne heure au roy les épines de la royauté. » (P. 13.) « Devenu grand parmi ces agitations continuelles, il n'estoit pas possible qu'il n'en entendit pas parler souvent et que ce qu'il en entendoit ne le formast un peu, malgré les soins de la reine sa mère et toutes les précautions de Mazarin. » (P. 16.)

Enfin, le cardinal disparaît, Louis XIV règne. Saint-Simon nous donne du jeune prince sur qui étaient attachés tous les yeux et toutes les espérances un portrait qui mérite d'être rapporté :

« Les grandes qualités du roi, dit-il, brillèrent d'autant plus, qu'un extérieur incomparable et unique donnoit un prix infini aux moindres choses ; une taille de héros, toutte sa figure si naturellement imprégnée de la plus imposante Majesté qu'elle se portoit également dans les moindres gestes et dans les actions les plus communes sans aucun air de fierté, mais de simple gravité. Proportionné et fait à peindre. et tel que sont les modèles que se proposent les sculpteurs, un visage parfait avec la plus grande mine et le plus grand air qu'homme ait jamais eu, tant d'avantages relevés par les grâces les plus naturelles incrustées sur touttes ses actions avec une adresse à tout singulière, et ce qui n'a peut-estre esté donné à nul autre, il paraissoit avec ce même air de grandeur et de Majesté en robe de chambre jusqu'à n'en pouvoir soustenir les regards, comme dans la parure des festes, ou des cérémonies ou à cheval à la teste de ses trouppes. Il avoit excellé en tous les exercices, et il aimoit qu'on les fist bien. Nulle fatigue, nulle injure du tems ne luy coustoit, ny ne faisoit impression à cet air et à cette figure héroïque ; percé de pluye, de neige, de froid, de sueur, couvert de poussière, toujours le même. J'en ai souvent esté témoin avec admiration, parce qu'excepté des tems tout à fait extrêmes et rares, rien ne le retenoit d'aller tous les jours dehors et d'y estre fort longtems. Une voix dont le son répondoit à tout le reste, une facilité de bien parler, et d'écouter courtement, et mieux qu'homme du monde ; beaucoup de réserve, une mesure exacte, suivant la qualité des personnes, une politesse toujours grave, toujours majestueuse, toujours distinguée suivant l'âge, l'estat, le sexe, et pour celuy-cy toujours un air de cette galanterie naturelle, voilà pour l'extérieur qui n'eut jamais son pareil, ny rien qui en ait approché. Une bonté, une justice naturelle, quand il n'y alloit pas de ce qu'il croyoit estre de son autorité, qui faisoit regretter son éducation, et les flatteries et les artifices qui, dans la suitte, ne le laissèrent plus à luy-même que par des percés de naturel qui se faisoient jour quelquefois, et qui monstroient qu'autorité à part qui estouffoit tout, il aimoit la vérité, l'équité, l'ordre, la raison et qu'il aimoit même à s'en laisser vaincre. » (P. 96). « Rien de plus exactement reiglé que ses heures et ses journées : dans la diversité des lieux, des affaires, et des amusemens. Avec un almanac et une montre, on pouvoit à trois cents lieues de luy, dire avec justesse ce qu'il faisoit. Tout homme pouvoit luy parler en cinq ou six temps differens de la journée, excepté à Marly : il écoutoit, répondoit presque toujours : « Je verray » pour se donner le tems de ne rien accorder ou décider à la légère. Jamais de réponse, ny de discours qui pust peiner personne ; patient dans les affaires et dans son service au dernier point, parfaitement maistre de son visage, de son maintien, de son extérieur, et jamais d'impatience, ny de colère. S'il réprimandoit, c'estoit rarement, en peu de mots, et jamais durement. Il ne s'est peut-estre pas échappé dix fois en toutte sa vie, et encore avec des gens de peu, et pas quatre ou cinq fois fortement. » (P. 98.)

Ce portrait de Louis XIV n'est-il pas un des plus vivants et pouvons-nous mettre en doute une seule des louanges quand elles sortent de la bouche du duc de Saint-Simon?

Ailleurs, l'auteur du Parallèle jette un coup d'œil d'ensemble sur la famille royale, sur la situation générale de la cour et du royaume dans leurs rapports avec le roi.

La cour.

« Jamais prince, dit-il, ne fut si complèttement heureux. — Je parle depuis la mort de Mazarin jusqu'à celle de ce Dauphin dont les hommes n'estoient pas dignes, ce qui comprend plus de cinquante ans » (P. 24.) D'où lui pouvaient venir les difficultés ? Quels obstacles aurait rencontrés sa puissance ? « Ce qui restoit de considérable à la cour n'estoit plus en estat de remuer et n'en estoit plus que l'ornement. » (P. 220.) « Des princes du sang asservis sous le même joug qui se disputoient entre eux de servitude, une cour abattue sous le poids de sa crainte, de son autorité, jusque du moindre de ses regards, dont les plus grands avoient perdu jusqu'au souvenir du personnage qu'avoient rempli leurs pères, et un royaume monté tout entier au ton de l'obéissance aveugle, en un mot, tout devenu peuple, et vil peuple devant luy, et sans bouche, ny actions que pour s'épuiser en respects peu différens de l'adoration, en soumission sinonime à l'esclavage, en louanges les plus semblables à l'apothéose ; tout sans exception rempant devant ses Bastards et ses valets principaux, ses Ministres, les intendants et les financiers de la dernière espèce. Avec tant de bonheur, la plus égale et la plus parfaitte santé, et pendant longtems les plus grands capitaines, les plus capables ministres au dedans et au dehors, la plus grande abondance, et le règne le plus brillant, le plus autorisé, le plus glorieux au dehors, et toûjours au dedans le plus profondément tranquille. » (P. 26.)

Dans le rapprochement de ces deux pages qui forment un si frappant contraste entre ce que valait le roi et l'action qu'il exerça, nous saisissons le fond même de la pensée de Saint-Simon. On a eu raison de signaler sa passion à l'égard de Louis XIV ; mais elle ne l'aveuglait pas sur les rares qualités du prince. A maintes reprises, on rencontre un mot, une réflexion qui prouve la liberté d'esprit du peintre. Nous ne sommes pas en face d'une sorte de pamphlet, comme le soutiennent ceux qui condamnent à la légère Saint-Simon, mais d'un jugement longuement médité, assis sur les observations de toute une vie et qui s'étend sur l'ensemble du règne pour en tirer une grande leçon, en n'en cachant aucune faiblesse.

Tout d'abord, il s'occupe de Louis XIV, en 1661, à la mort du cardinal. « Le roi a souvent avoué, dit-il, que jusqu'alors il n'avoit été roy qu'en peinture. » (P. 228.) Autour de lui, d'admirables ministres : de Lionne, Colbert, Letellier, Louvois qui allait poindre.

« Ces fortes testes, dit Saint-Simon, avoient déjà bien reconnu quel estoit le roi : peu d'esprit naturel et un sens droit, une ignorance générale jusqu'à l'incroyable, de la défiance générale sur tous gens et choses, une soif de grandeur, d'autorité, de gloire, jusqu'à ne vouloir de grand que luy, une crainte d'estre gouverné jusques à l'ostentation de ne l'estre pas, de la bonté et de l'équité naturelles, une jalousie de tout faire et de tout gouverner et toutte l'ouverture que peut donner à peu d'esprit et à une profonde ignorance, l'usage d'une cour fine et pleine d'esprit en hommes et en femmes avec qui il avoit continuellement vécu jusqu'alors tandis que Mazarin estoit seul Maistre des affaires, mais dont le commerce n'avoit pu lay communiquer qu'un extérieur de superficie. Ses ministres ne négligèrent pas de profiter de ce caractère. Ils l'infatuèrent à l'envi de sa grandeur et de son autorité pour l'exercer eux-mêmes et n'en laisser à personne qu'à eux pour abaisser toutte grandeur par ce moyen sous eux, et s'élever à l'égal des grands véritables, en persuadant au roy que toutte autorité autre que la leur estoit usurpation sur la sienne qu'ils ne faisoient qu'exercer, et de là que sa Grandeur estoit aussy la leur, avec quoy par degrez ils passèrent du rabat et d'un estat moins que médiocre à celuy où on les voit aujourd'huy. Pour luy oster la défiance sur le gouvernement et *du même coup* (1) se l'asseurer tout entier, ils l'accablèrent de détails ; comme le petit luy estoit fort homogène, il s'y attacha avec avidité, en prit tiltre de se persuader qu'il gouvernoit seul et faisoit tout luy-même, tandis que le grand, que le vaste, que les détails les plus importants demeuroient entre leurs mains, masqués par ces autres détails dont ils l'amusoient, sans qu'il s'en aperceust jamais. Mais avec ces précautions ils ne se crurent pas en seureté Sa bonté et son équité naturelle les inquiettoit, et plus encore les accès auprès de luy des plus considérables ou des plus favorisés courtisans qui pouvoient éclairer le roy sur leur conduitte et les traverser. Ils firent donc en sorte de dégouster le roy de cet accès comme contraire à sa grandeur et à ce respect qui devant luy devoit égaler tout le monde dans la crainte, la retenue, et le silence, et aussy comme contraire à son repos, en l'importunant de mil discours captieux et dangereux. Avec cette apparance de Grandeur des Roys asiatiques et de soulagement d'importunitéz, ils parvinrent à renfermer le roy de façon qu'il n'y eut plus moyen de l'aborder qu'en public, et qu'il fallut, grands et petits et gens de touttes les sortes, passer en tout et partout par les mains des ministres, qui par là devinrent Maistres absolus de touttes les affaires, les grâces et les fortunes, et peu à peu mirent tout sous leurs pieds. En cela les ministres furent d'accord, s'aidèrent et se servirent réciproquement, et marchèrent toujours ensemble et d'un pas égal et uniforme jusques dans leurs plus fortes divisions ; mais les divisions se mirent entre les deux principaux tenans, dont l'un joua à perdre l'estat pour renverser l'autre. Colbert ne songeoit qu'à rendre les peuples heureux, le royaume florissant, le commerce estendu et libre, remettre les Lettres en honneur et utilité et avoir une marine puissante. Ses succès grands en tous ces points avoient besoin d'une paix longue et profonde ; mais ces mêmes succès irritoient Le Tellier et son fils, à qui des ongles crurent de bien bonne heure. La Guerre estoit leur fait pour s'insinuer de plus en plus auprès du roy, pour contrebalancer Colbert et du costé du roy et du costé du monde par les créatures que les avancemens militaires leur acquéroient, il n'estoit pas difficile d'entester de conquestes un jeune monarque, riche, puissant, superbe, affamé d'acquérir de la gloire, et c'est ce qui produisit les deux guerres de Hollande » (P. 233.)

(1) De la main de Saint-Simon qui a effacé *en même temps*

« Arresté par la paix de Nimègue sur les dépenses des campagnes, il se mit à bastir des places et à en fortifier d'autres, quelques-unes né-cessaires, mais beaucoup tout à fait inutiles. Mais la paix le tourmen-toit. » (P. 234.) « Louvois étouffoit sous le poids de la trève de vingt ans conclue avec la maison d'Autriche en août 1684. »

Saint-Simon poursuit en Louvois le représentant de la po-litique belliqueuse qu'il déteste. Son esprit, qui a gardé sur tant de points l'empreinte du passé, est, en ce qui touche la guerre, tout pénétré d'un souffle nouveau.

« La guerre, dit-il, est un fléau, qui est le châtiment des passions des hommes. » Il se demande comment l'art de faire la guerre est devenu « le point capital pour un chef, » ce qui a contribué à augmenter « le bril-lant des conquêtes, à éblouir dans les héros et dans les grands capitaines jusqu'à leur passer de grands vices et de grandes ruines, et qui a fait dire sur Alexandre que, tandis qu'on punit de mort les petits voleurs, on élève des autels aux grands. » (P. 28.) « Si un monarque, continue-t-il, orné de ce talent qui impose si fort aux hommes, en abuse, il ne travaille que pour soy, il acquiert un grand nom, il fait trembler ses voi-sins, il leur fait la loy, mais c'est aux dépens de son royaume. Tandis qu'au dehors tout retentit de ses exploits, de la terreur qu'il imprime, de la gloire qui l'environne, et qu'il augmente chaque jour, tout au dedans gémit et pleure, ses peuples accablés périssent de faim et de misère, et, indépendament des revers si communs dans les armes, ce prince laisse un estat ruiné, et la haine et la jalousie de ses voisins pour héri-tage. » (P. 29.)

L'auteur du Parallèle avait vu la décadence de Louis XIV, les coalitions désastreuses de la fin du règne : il en avait l'âme ulcérée.

« Henri IV et Louis XIII, dit-il, eurent sans cesse des alliés pendant tout le cours de leurs règnes, et jamais toutte l'Europe à la fois sur les bras. Cette politique ne fut pas celle de Louis XIV. Il en eut peu lors de ses premières guerres et les perdit bientost. L'allarme et la jalousie de ses succès fut d'un merveilleux usage à un génie du premier ordre, outré de n'avoir pu par la longueur de sa patience et les tentatives les plus réitérées de soumissions et de respect, émousser la haine personnelle de Louis XIV qui luy donnoit sans cesse des traverses et des marques publiques de son mépris, ce grand génie, je veux dire le fameux et dernier prince d'Orange, s'estoit acquis un grand crédit dans touttes les cours de l'Europe, et un si absolu dans les Provinces-Unies qu'il en estoit devenu comme entièrement le Maistre. Il sceut si bien profiter de tous ces avantages pour se venger personnellement de Louis XIV qu'il ourdit contre luy la formidable ligue d'Augsbourg qui le porta sur le trosne d'Angleterre. » (P. 320.) « Henri IV et Louis XIII ont fait de grandes guerres, touttes nécessaires, touttes utiles. Celles de pure parade leur ont toujours esté inconnues. Ils ont cherché à s'avantager, à se garentir, à vaincre, jamais à exciter l'envie, ny la jalousie, jamais de parades de puissance qui ne sont bonnes qu'à irriter et à rallier contre soy, sous le trop plausible prétexte de la crainte qu'on en doit concevoir. » (P. 326.)

Après avoir admiré les vertus militaires d'Henri IV, étudié si attentivement le rôle de Louis XIII dans les campagnes auxquelles il prit part, Saint-Simon se demande ce que fut l'action personnelle de Louis XIV. Il le suit dans ses diverses campagnes et prononce en terminant ce jugement sévère : « Henri IV et Louis XIII avoient toujours véritablement fait la guerre : « Louis XIV ne fit jamais que l'aller voir. » (P. 409.)

Nous omettons les développements que l'auteur du Parallèle donne aux affaires du dehors pour revenir avec lui dans l'intérieur du royaume. Deux questions l'émeuvent particulièrement : la puissance des intendants et la révocation de l'édit de Nantes. Le titre d'intendant de justice, police et finance remontait très-haut, mais, sous Colbert, leur autorité réelle était de fraîche date. Si, dès les Valois, les provinces connurent les premiers intendants, cette institution ne fut étendue et fixée que beaucoup plus tard. Développés par

Henri IV, fortifiés et non créés par Richelieu, qui les soutint de sa main de fer dans les coups d'autorité qu'il leur enjoignait de frapper, ces officiers à compétence universelle devinrent peu à peu les organes nécessaires et permanents du pouvoir. Colbert leur donna une extension nouvelle.

Puissance des Intendants.

« Les intendans, dit Saint-Simon, encore rares et peu puissans, ont esté peu en usage avant ce règne. Le roy, et plus encore ses ministres de la même espèce que les intendans, peu à peu les multiplièrent, fixèrent leurs Généralités, augmentèrent leurs pouvoirs. Ils s'en servirent peu à peu à balancer, puis à obscurcir, enfin à anéantir celuy des gouverneurs des provinces, des commandans en chef et des lieutenans-généraux des provinces, à plus forte raison celle que les seigneurs, considérables par leur naissance et leurs dignités, avoient dans leurs terres et s'estoient acquis dans leurs pays. Ils bridèrent celuy des évesques à l'égard du temporel de leurs diocèses, ils contrecarrèrent les Parlemens, ils se soumirent les communautés des villes. L'autorité pécuniaire s'estend bien loin, les discussions qui naissent de touttes les sortes d'impositions et de droits, le pouvoir de taxer d'office, les moyens continuels de protéger et de mortifier grands et petits, de soulever et de maintenir ceux-cy contre les autres, dépeupla peu à peu les provinces de ce qu'il y avoit de gens les plus considérables, qui ne purent souffrir ce nouveau genre de persécution, ny s'accoustumer à courtiser l'Intendant pour éviter les affronts et les insultes par leur protection.

« La répartition des tailles et des autres imposts entièrement en leurs mains les rendit Maistres de l'oppression ou du soulagement des paroisses et des particuliers. Quelque affaire, quelque prétention, quelque contestation qui s'élèvent entre particuliers, seigneurs ou autres, nobles ou roturiers, qui n'estant point portées aux cours de justice, l'estoient à la cour, aux secrétaires d'estat ou aux finances, se renvoyèrent touttes aux intendans pour en avoir leur avis, qui toujours estoit suivi, à moins d'un Miracle fort rare ; ils attirèrent ainsy à eux une autorité sur touttes sortes de matières qui n'en laissa plus aux seigneurs, ny à aucuns particuliers, dont tous ceux qui le purent désertèrent leurs terres et leurs païs pour venir peupler Paris, la cour, y voir de loin leur inconsidération et leur chutte, et tâcher de s'y faire du crédit et des protections qui les fissent menager par les intendans. Les Gouverneurs de Provinces, indignés de se trouver sans cesse compromis avec les Intendans pour les fonctions de leurs charges et leur considération personnelle, et dans ces débats en avoir presque toujours le dessous, s'accoustumèrent à n'aller plus dans leurs gouvernemens, d'où peu à peu il arriva, qu'ils perdirent le droit d'y aller quand ils voulurent et de ne le pouvoir plus sans la permission du roy, qu'il se mit à ne presque plus accorder... Les changemens, d'ordinaire asses fréquens de ces magistrats volans d'une généralité à une autre, rompoient les mesures et les liaisons qu'on pouvoit prendre avec eux et donnoient à recommencer auprès du successeur... Cette servitude extrême compensoit leur brillant, ils tremblèrent toujours devant les ministres et même devant leurs principaux commis, à la fin jusques devant les fermiers généraux et les gros partisans. Le premier but d'un intendant est d'arriver à une des cinq ou six grandes intendances, et le second de parvenir à une place de conseiller d'estat et peut estre dans le ministère. Il n'y en a que vingt-quatre de robes : y arrive qui peut, à travers le crédit de parents de ministres et des magistrats à places singulières. C'est un triste estat pour un intendant de persévérer dans les intendances ordinaires, un plus fâcheux de perdre l'espérance d'estre conseiller d'estat. Enfin rien n'égale le mépris et le néant dans lequel un intendant révoqué achève sa vie. C'est ainsi que tout se compense et que ces tout-puissants sont dans la main des ministres sans moyens et sans force, à leur bon plaisir, comme des roseaux, toujours dans la frayeur d'en estre écrasés. Tel fut l'art d'anéantir partout grands, seigneurie, noblesse, corps, particuliers par des gens de rien par eux-mêmes. » (P. 295.)

A côté de ce tableau si énergique des incessants progrès de l'autorité centrale dont les Mémoires ne contenaient pas même un abrégé, nous voulons placer le morceau de Saint-Simon sur la révocation de l'édit de Nantes. Il semblait que l'auteur du Parallèle dût renoncer à lutter d'éloquence avec lui-même en un sujet qu'il venait de traiter de main de maître. On connaît le passage des Mémoires (1). On pourra juger si celui-ci cède au premier en vigueur et en éclat.

(1) *Mémoires*, édition Chéruel, 1856, t. XII, p. 22.

Révocation
de
l'édit de Nantes.

« Cette même année fut celle de la révocation de l'édit de Nantes, conseil pernicieux et plus pernicieusement exécuté. Toutte cette trame fut conduite par Louvois, le confesseur et Mme de Maintenon, à l'insceu de tout autre... Louvois, qui n'en comprit que trop les conséquences, trouvoit son double avantage en ce que l'exécution telle qu'il la méditoit ne se pouvoit faire que par des trouppes, conséquemment par luy à qui cela alloit donner des rapports continuels avec le roy que la paix rendoit plus rares, — et en ce qu'un pareil événement alloit aliéner pour longtemps tous les protestants de l'Europe, et les porteroit à la guerre qui est ce qu'il désiroit le plus ardemment; et ces deux raisons l'entraisnèrent à procurer toutes les horreurs de l'exécution. Colbert, le seul homme qu'il eust pu craindre dans le partage du secret et seurement pour l'opposition ferme et bien souttenue, estoit mort depuis deux ans. Ainsy parfaitement libre, il picqua le roy de la gloire d'exterminer des gens qui, ligués ensemble et soustenus par les puissances éstrangères de leur communion, avoient tenu teste à tous ses prédécesseurs, depuis François premier, et, tous abatus qu'ils se trouvoient, ne perdroient jamais l'espérance de se relever, ni celle de parvenir à faire un estat dans l'estat, avec toutte l'indépendance et les formes, à quoi ils avoient toujours tendu. Ainsy gloire, autorité, politique, religion, tout fut mis en avant sans contradiction de personne, et sans que le roy, charmé d'une si belle proposition, y formast la moindre difficulté. Tout aussytost donc on mit la main à l'œuvre. Avec la révocation de l'édit de Nantes, il parut une foule de déclarations qui se suivirent plus cruelles les unes que les autres, les provinces furent remplies de dragons qui vescurent à discrétion chez les huguenots de touttes les conditions et qui joignirent les tourments corporels à la ruine dont beaucoup moururent entre les mains de ces bourreaux. La fuitte estoit punie comme l'opiniastreté dans l'hérésie, et les galères furent remplies des plus honnestes gens et des plus accommodés, comme les prisons de leurs femmes et leurs filles. Une infinité se rachepta de la tirannie par des abjurations simulées ; les dragons qui les ruinoient et les tourmentoient hier, les menoient aujourd'huy à la messe, où ils abjuroient, se confessoient, et communioient tout de suite, sans remettre le plus souvent au lendemain. La pluspart des évesques se prestérent à cette abomination, où les intendans des provinces présidoient, c'estoit à qui se signaleroit le plus. Le roy recevoit à tous momens des listes d'abjurations et de communions par milliers de tous les endroits des divers diocèses. Il les montroit aux courtisans avec épanouissement, il nageoit dans ces millions de sacrilèges comme estant l'effet de sa piété et de son autorité, sans que personne osast tesmoigner ce qu'on en pensoit, et chacun au contraire se distinguant à l'envi en louanges, en applaudissements, en admirations, tandis que chacun estoit pénétré de douleur et de compassion, et que les bons évesques gémissoient de tout leur cœur de voir les orthodoxes imiter contre les hérétiques ce que les tirans païens et hérétiques avoient fait contre la vérité, les Confesseurs et les Martyrs : ils pleuroient amèrement cette immensité de sacrilèges et de parjures, et tous les bons catholiques avec eux ne pouvoient se consoler de l'odieux durable et irrémédiable que de si détestables moyens répandoient sur la véritable religion. Le roy se croyoit un Apostre, il s'imaginoit ramener les tems apostoliques où le baptesme se donnoit à des milliers à la fois, et cette yvresse soustenue par des éloges sans fin, en prose et en vers, en harangues et en touttes sortes de pièces d'éloquence, luy tint les yeux hermétiquement fermés sur l'Évangile et sur l'incomparable différence de sa manière de prescher et de convertir, d'avec celle de Jésus-Christ et de ses Apostres. »

« Cependant le tems vint qu'il ne put ne pas voir et sentir les suittes funestes de tant d'horreurs. La révocation de l'édit de Nantes, sans le plus léger prétexte et sans aucun besoin, immédiatement suivie des proscriptions, des supplices, des galères sans aucune distinction d'âge, ny d'estat, le long pillage des dragons autorisé partout, déchira les familles, arma parents contre parents pour avoir leur bien et les laisser mourir de faim, dépeupla le royaume, et transporta nos manufactures et presque tout notre commerce chez nos voisins et plus loin encore, fit fleurir leurs estats aux dépends du nôtre, remplit leur païs de nouvelles villes et d'autres habitations, et donna à toutte l'Europe l'effrayant spectacle d'un peuple si prodigieux, proscrit, fugitif, nud, errant sans aucun crime, cherchant un azile loin de sa patrie. L'expulsion des Maures dont l'Espagne n'a pu se relever, estoit une bonne leçon. Les huguenots n'avoient plus rien en eux qui les pust faire craindre. Il falloit gaigner leurs ministres peu à peu par des bienfaits, et les principaux d'entre eux, les réduire tous de fait, mais sans déclaration publique, au seul négoce, aux arts, aux métiers, et les nobles et les plus riches à vivre de leur bien sans nul employ civil ny militaire, réduire peu à peu le nombre de leurs presches pour les leur rendre plus incommodes par l'éloignement, et les induire à les moins fréquenter. D'ailleurs ne leur point faire d'injustice, ne leur chercher point querelle, ne les distinguer en rien sur l'utile, biens, impost, etc., des catholiques, se mettre bien dans l'esprit que la religion se persuade et ne se commande point, et qu'elle ne peut s'estendre que par la voye que Jésus-Christ a enseignée et pratiquée et après luy ses Apostres et les hommes apostoliques; enfin par une conduitte douce, sage, unie, suivie, pratiquer la charité qui est l'âme de la religion... »

« On verra bientost qu'à l'immense playe intérieure qui fut le fruit si amer de cette horrible exécution d'un si pernicieux conseil, se joignit une grande guerre, comme Louvois se l'estoit bien promis et que dès cette année, la fameuse ligue d'Augsbourg se prépara... Innocent XI, Benoist Odescalchi, qui estoit lors assis sur le saint-siège, ne fut pas la duppe de cette action prétendue si religieuse, il n'en vit que la politique prétendue et en détesta les sacrilèges et les horreurs. » (P. 237.)

Quelle que soit l'énergie de Saint-Simon en parlant de la révocation de l'édit de Henri IV, il est un aspect du règne de Louis XIV qu'il ne peut envisager sans une tout autre indignation. Abus d'autorité, guerres inutiles ou ruineuses, fautes d'état, il parle de tout cela avec l'accent du politique, mais qu'il s'agisse des mœurs privées du roi, sa tête s'échauffe, sa plume s'emporte, et il n'est pas d'expression assez ardente pour donner cours à sa colère. Aurait-il craint ses propres violences? La première fois qu'il aborde ce sujet dans le Parallèle, il semble prendre contre lui-même des précautions et chercher à se modérer.

Faiblesse de Louis XIV.

« Ce n'est pas sans effroy, dit-il, que j'entre en cette carrière. Il s'agit d'un monarque dans la cour duquel j'ay passé mes plus belles et mes plus nombreuses années dans l'habitude du plus religieux respect, qui souvent a fait naistre et nourri en moy l'admiration la plus fondée, d'un prince qui a été plus maistre qu'aucun roy dont on puisse se souvenir, même par la lecture, qui l'a été longtemps au dehors, presqu'autant qu'au dedans, et dont la terreur dure encore par la longue impression qu'elle a faitte. Il est vray que plus il a esté puissant, grand, absolu, arbitre longtems de l'Europe, plus aussy il a esté homme et payé plus chèrement tribut à l'humanité. » (P. 84.)

Après avoir rappelé « sa jeunesse passée à l'abri des embûches » (p. 102), son mariage et ses premiers temps de fidélité, Saint-Simon compare le grand-père et le petit-fils :

« Henry IV eut deux espouses qu'il avoit lieu de regarder comme ses ennemies. Louis XIV au contraire avait une espouse qui avoit de la beauté, qui ne vescut jamais que pour luy, avec la douceur, la complaisance, la vertu la plus parfaitte, et qui, pour l'amour de luy avoit oublié sa maison, sa patrie, et estoit devenue aussy passionnée Françoise que les plus naturels François. » (P. 103.) « Louis XIV n'a donc rien eu des excuses et des tentations d'Henry IV. » (P. 102.)

Puis il passe en revue chacun des entraînements du roi : s'il réserve quelque indulgence pour la personne de Mlle de La Vallière, il s'exprime au sujet de Mme de Soubise, de Mme de Montespan et du roi avec la dernière sévérité :

« Deux maistresses, dit-il, publiquement aimées en même tems et publiquement monstrées telles, c'est l'inouy sérail devant lequel Louis XIV tint sa cour prosternée pendant plusieurs années, en présence de la reine, » à laquelle il n'avoit rien à reprocher. Jamais, avant Louis XIV, on n'avait légitimé les enfans nés d'un double adultère ; c'était un « fait sans précédent, même en Espagne, où un reste de mœurs moresques a rendu les lois si indulgentes aux bastards, si fort au delà de celles de tous les païs chrestiens ; ce qui n'estoit donc pas dans l'estre fut produit par la corruption du cœur et l'adresse de l'esprit. Harlay estoit lors procureur général, et depuis premier président, cinique austère, mascarade de sénateur des plus heureux tems, dont l'ambition estoit sans bornes et qui jamais ne connut rien capable de l'arrester ; le cauteleux magistrat n'osa présenter de front de quoy effrayer le Parlement qui n'estoit pas mort encore. Il s'avisa de le surprendre et il y réussit. Le chevalier de Longueville estoit fils du comte de Saint-Paul tué sans alliance au passage du Rhin, et d'une mère vivante qui avoit son mari quand elle eut ce fils. Ce mari vivoit encore et tous deux de haut parage. L'amour passé et repentant servit l'amour présent. Mme de Longueville et M. de La Rochefoucault estoient dans la haute dévotion, et, quoyque dans Paris, l'un et l'autre ne se voyoient plus et n'avoient pas même le moindre commerce, quoyque la plus intime amitié et confiance subsistat toujours entre eux. Le roy n'avoit reveu La Rochefoucault qu'avec peine quoyque son fils fust favori. Le fils pressa son père, et celuy-cy sortit des bornes prescrittes par la piété, entre luy et son ancienne amie, pour luy persuader de reconnoistre et d'essayer de faire légitimer leur petit-fils. Ce mot se peut lâcher sans scandale par la notoriété du fait et par celle de la façon également dure et sainte dont la nouvelle de la mort du comte de Saint-Paul fut annoncée et reçeue par M{{me}} de Longueville, qui l'aimoit uniquement. Elle ne résista pas au duc de La Rochefoucault. Harlay conduisit l'affaire, le Parlement n'en prévit pas les conséquences, la légitimation passa sans nommer la mère. Jamais cela n'estoit arrivé, ny ne s'estoit osé présenter. L'exemple fait, la légitimation des doubles adultérins du roy sans nommer la mère ne put estre refusée, et ils sortirent ainsi du sein du néant. »

Cette anecdote inédite n'est que le début du chapitre. Une fois lancé sur le compte des bâtards légitimés, Saint-Simon ne s'arrête plus. Il énumère complaisamment les distinctions dont ils furent revêtus, les charges qui devaient les relever.

« Le roy, dit-il, qui ne se complaisoit qu'aux enfans de sa personne qui ne pouvoient estre que ce qu'il les faisoit, au contraire des princes légitimes enfans de l'estat, et grands, sans luy, par leur être, ne voulut des deux faire qu'une seule famille. » (P. 112.)

Il reprend un à un les mariages faits sous les auspices de Louis XIV, insiste sur celui du duc de Chartres avec la bâtarde du roi, qui fit jeter les hauts cris à la princesse Palatine et s'écrie :

« Que diroit-on de particuliers dont l'un épouseroit la bastarde et doublement adultérine du frère de son père ? » (P. 112.) « En effet, le roi fit si bien, qu'excepté le roy d'aujourd'hui, la branche d'Espagne et la seule mademoiselle de la Roche-sur-Yon, il n'est aucun prince ni princesse du sang qui ne sorte en directe des amours du roi et de Mme de Montespan. » (P. 115.)

Seul, le comte de Toulouse trouve grâce devant lui.

« Je dois luy rendre, dit-il, la justice qui lui est deue, et avouer nettement qu'il n'eut point de part à cette eslévation si radicalement destructive de l'honnesteté publique, de l'Évangile et de toutes les loix, l'escueil certain de touttes les femmes, la destruction des familles et le renversement des mariages. » (P. 109.)

Quand il arrive à Mme de Maintenon, il s'exprime en des termes plus violents encore.

Madame de Maintenon.

« Jusqu'ici il ne s'agit, dit-il, que des maistresses de ces deux monarques (Henri IV et Louis XIV), mais que dire d'une amphibie sortie des eaux de la mer, d'une naissance inconnue, de commencemens serviles épouse d'un cul-de-jatte qui ne subsistoit que de son esprit et de ses plaisanteries, veufve réduitte à vivre de la charité de sa paroisse, et peu après de ses appas, devenue gouvernante d'enfans obscurs nés pour le néant et cachés au monde, puis produitte au jour avec eux dans la domesticité de leur mère, y estre insupportable au roy qui, plus d'une fois, ne put obtenir de Mme de Montespan de la chasser, s'y accoutumer enfin, s'en laisser ensorceler après jusqu'au point, non pas d'en faire sa maistresse, mais de l'espouser, tout parfaitement instruit qu'il fut de son estat et de sa conduite, d'être deux fois au moment de la déclarer, la monstrer reine dans le particulier en plein, et en public avec des voiles, de lui rendre des assiduités longues et journelles, sans y manquer un seul jour, de souffrir à peine une gaze sur leur mariage et de la déchirer presque à sa mort. Telle fut la fameuse Maintenon, dont l'adresse et la toute puissance » seront traitées plus tard. « La chute de la gloire d'un si grand roy dans un gouffre si profondément honteux à quarante-six ans qu'il avoit lors, porte injure à l'humanité et n'a point de semblable, ny rien qui en approche dans tous les siècles. On ne peut donc en faire aucune comparaison avec les promesses de mariage que fit Henri IV, quelque fâcheuses qu'en aient pu estre les suites. Celles de ce mariage trop réel se feront longtemps et cruellement sentir à la France, celles des faiblesses d'Henry IV n'ont fait que la menacer. » (P. 105-106.)

On voit par l'exagération des termes quelle est la violence du sentiment qui entraîne l'écrivain. Quand il revient au caractère politique de Louis XIV, son style se modère et l'expression devient plus juste, sans cesser d'être aussi forte. Il cherche à sonder le problème du pouvoir absolu, en étudiant successivement le despote qui l'exerce et les hommes qui le subissent : sa pensée va du prince aux sujets, alternant les portraits, les analyses, recherchant les causes et les consé-quences.

« Louis XIV, dit-il, devenu promptement le plus absolu des roys après la paix des Pyrénées, ne perdit jamais le souvenir de ce qu'il avoit essuyé de ses sujets auparavant, et fut environné de ministres dont l'intérêt tout entier fut de le rendre tel qu'on l'a vu dans sa cour, toujours roy et jamais homme. Aussi n'aima-t-il jamais que luy et pour luy, ny dans sa cour, ni dans sa famille, et ne connut point comme Henri IV et Louis XIII le bien et le plaisir d'avoir des amis. » (P. 117.)

« Une vanité, dit ailleurs Saint-Simon, qui porta l'orgueil au comble, qui s'estendit sur tout, qui le persuada que nul ne l'approchoit en vertus militaires, en projets, en gouvernement ; de là ces tableaux et ces inscriptions de la gallerie de Versailles qui révoltèrent les nations, ces prologues d'opéra qu'il chantonnoit luy-même, cette inondation de vers et de prose à sa louange dont il estoit insatiable, ces dédicaces de statues renouvellées des payens et les fadeurs les plus vomitives qui lui estoient sans cesse dites à luy-même et qu'il avaloit avec délectation ; de là son éloignement de tout mérite, de l'esprit, de l'instruction, surtout du nerf et du sentiment dans les autres ; de là tant de mauvais choix en genres principaux ; de là sa familiarité et sa bienveillance uniquement réservées à qui il se croyoit supérieur en connoissance et en esprit... surtout une jalousie d'autorité qui décida, qui surnagea sur toutte autre espèce de justice, de raison et de considération quelconque. » (P. 94)

Saint-Simon assure qu'il se méfiait des gens d'esprit. N'est-ce pas un grief personnel de l'auteur des Mémoires dont l'esprit frondeur inquiétait le roi ?

« Louis XIV, dit-il, si on en excepte Mme de Montespan et le particulier de chez elle où il y avoit infiniment d'esprit, le craignit jusque dans les courtisans les plus jeunes. Il ne se plaisoit qu'avec les personnes de l'un et l'autre sexe sur qui il se sentoit beaucoup de supériorité ou qui avoient l'adresse de bien cacher leur esprit, de lui paroistre fort inférieur au sien. C'est ce qui a maintenu ses moindres ministres, c'est ce qui a si aisément et si continuellement valu à des enfans les survivances des plus importantes places de secrétaire d'estat de leurs pères et qui les y a establis en chef dans leur première jeunesse par la mort de leurs pères. Louis XIV s'applaudissoit avec une complaisance extrême de les former aux affaires et rien ne lui plaisoit tant que leur aveu feint ou véritable d'ignorance. Aussy a-t-on vu comment les affaires ont tourné depuis que de pareils ministres ont gouverné. » (P. 124.)

Après la mort de Louis XIV, Saint-Simon jette un coup d'œil sur l'état de la France, dont il montre toutes les forces épuisées :

Fruits du despotisme.

« Tels furent, dit-il, les fruits d'un gouvernement de cinquante-cinq ans, des funestes maximes du cardinal Mazarin, soustenues de la perfide ambition de Louvois. L'excès du déplorable ne fut pas un spectacle si frappant, quelque horreur qu'il put inspirer. Tout se peut réparer avec le temps, de la suitte et des hommes, mais des hommes il n'y en avoit plus. Louvois, pour sa grandeur, avoit tari les généraux et les capitaines dont aucun ne pouvoit plus se former. » (P. 359.)

Et plus loin il revient sur la même idée :

« On se plaint tout haut qu'il n'y a plus d'hommes, qu'on n'en peut trouver pour aucun employ ; les plus petits sont dans la même pénurie. On vient d'en voir la cause, deue aux maximes pernicieuses de ce très-long règne.. Les remèdes à qui les voudroit employer, ne seroient pas faciles ; il faut bien du temps et de la suitte pour redresser le mauvais génie si longuement et si soigneusement répandu et reçeu dans toutte une nation. Ce malheur si grand en soi et source de tant d'autres n'attira jamais le repentir du roi, ny celuy de ses ministres.

Un dernier trait peint cette absorption universelle.

« Il estoit idolâstre de son autorité sans bornes. Il l'estoit au point qu'il n'y avoit homme qui eut osé prononcer devant luy le nom d'estat, le bien de l'estat, l'intérêt de l'estat. A ce langage si naturel et si usité jusqu'à luy il en avoit substitué un autre, le service du roy, l'intérest du roy, l'honneur du roi, en un mot toujours le roy et jamais l'estat. »

Ainsi la sévérité de Saint-Simon à l'égard du gouvernement de Louis XIV ne se dément pas. Seuls, les malheurs des dernières années de sa vie parviennent à l'émouvoir.

« A peine vit-il son salut par le traitté de Londres que ce prince voit périr sous ses yeux son fils unique, une princesse qui seule faisoit toutte sa joye, ses deux petits-fils, deux de ses arrière-petits-fils, et périr de manière à le percer des plus noirs soupçons, à luy persuader de tout craindre pour luy-même, et pour l'unique rejetton qui lui restoit, et dans la première enfance, d'une si nombreuse et si belle postérité. Parmi des adversités si longues, si redoublées, si intimement poignantes, sa fermeté, c'est trop peu dire, son immutabilité demeura toutte entière ; même visage, même maintien, même accueil, pas le moindre changement dans son extérieur, mêmes occupations, mêmes voyages, mêmes délassemens, le même cours d'années et de journées, sans qu'il fust possible de remarquer en luy la plus légère altération. Ce n'estoit pas qu'il ne sentist profondément l'excès de tant de malheurs, ses ministres virent couler ses larmes ; son plus familier domestique intérieur fut témoin de ses douleurs. Partout ailleurs sans paroistre insensible, il se monstra inaltérable, et supérieur à tout sans la plus petite affectation, et sans espérance déplacée. Il parloit comme à son ordinaire, ny plus ny moins, avoit le même air, déclaroit les mauvaises nouvelles, sans destour, sans déguisement, sans plainte, sans

Vraie grandeur
de Louis XIV.

accuser personne, courtement et majestueusement comme il avoit
accoustumé. Un courage masle, sage, supérieur lui faisoit serrer entre ses
mains le gouvernail parmy ces tempêtes, et dans les accidents les plus
faścheux et les tems les plus désespérés, toujours avec application, toujours avec une soumission parfaite à la volonté de Dieu et à ses chastiments. C'est le prodige qui a duré plusieurs années avec une égalité qui
n'a pas ésté altérée un moment, qui a ésté l'admiration de sa cour, et
l'estonnement de toutte l'Europe. » (P. 99.)

Ailleurs, Saint-Simon, après avoir énuméré les fautes du
roi, se demande ce qu'on doit penser de sa gloire, et revient
sur la même idée en montrant ce qui demeurera pour la
postérité la vraie grandeur de Louis XIV.

« Disons-le encore une fois avec l'épanchement d'un vray François naturellement si ayse quand la vérité n'arreste point ses louanges. C'est du
fond et de la durée de cet excés de maux d'estat et domestiques, les
plus cruels à un roy superbe et si longuement accoutumé à donner la loy
partout, et au bonheur le plus long, le plus complet et le plus suivi, c'est
dis-je, du fond de cet abyme de douleurs de toutte espèce que Louis XIV
a su mériter du consentement de toutte l'Europe ce surnom de Grand que
les flatteurs lui avoient avancé devant le tems. Le nom de Grand qui ne
fut alors qu'extérieur devint en ces derniers tems le nom justement acquis, le vrai nom, le nom propre de ce prince qui laissa voir avec simplicité, la grandeur de son âme, sa fermeté, sa stabilité, son égalité, un courage à l'épreuve des plus espouvantables revers et des plus cuisantes pei-
nes, une force d'esprit qui ne se cache rien, qui ne se dissimule rien,
qui voit les choses comme elles sont, qui de là s'humilie en secret sous
la main de Dieu, en espère tout contre toutte espérance, affermit sa main
sur le gouvernail jusqu'au bout, ne se rebutte de rien, ne s'obscurcit de
rien, conserve son extérieur dans tout l'ordinaire de sa vie, toute sa
bienséance, toute sa majesté, avec une égalité si simple et si peu affec-
tée que l'estonnement et l'admiration qui en naissoient en tous ceux qui
le voyoient, et en public et en particulier, leur fut tous les jours nouvelle ; en sorte que nul ne pouvoit s'y accoustumer. »

En résumé, entre les trois rois qu'il met en parallèle, Saint-Simon est juste pour Henri IV, bienveillant pour Louis XIII et ne se montre sévère qu'à l'égard de Louis XIV. Nous ne pouvons relever ici les exagérations de ses critiques, ni combler les étranges lacunes qui laissent dans l'oubli la politique extérieure et l'action militaire d'un règne qui a achevé l'œuvre d'Henri IV et de Richelieu. Il faudrait suivre pas à pas chacun des récits de l'auteur. Ce serait refaire en la résumant l'œuvre d'un des critiques les plus consciencieux qui se soit occupé de Saint-Simon (1). Il suffit de dire que le Parallèle ne modifie en rien, sur Louis XIV, ce que nous a dit l'auteur des Mémoires : même mélange d'admiration et de passion, mêmes souvenirs d'une colère longtemps contenue. Parfois il se laisse aller à l'ardeur des sentiments qui l'emportent, puis la mémoire du roi se dresse devant lui, il s'arrête et voici les formes sous lesquelles il recouvre le dernier jugement sur le règne :

« Que le respect profond que je conserve pour Louis XIV, sous lequel j'ay si longtemps vescu et que j'ay vu de si près, m'arreste sur un gouvernement d'écorce si brillante, de fond si destructif, si hérissé de grandes fautes. » (P. 428.)

Par les portraits que nous avons extraits du Parallèle il est aisé de deviner à quels rangs il place les trois premiers rois de la maison de Bourbon. Les dernières lignes de cet ouvrage le laissent voir distinctement. Après avoir en quelques pages rendu une sorte de sentence historique sur leurs défauts et leurs vertus, il termine par ces mots :

Jugement.

(1) On ne saurait trop recommander de consulter sur ce point l'excellent livre de M. Chéruel : *Saint-Simon considéré comme historien de Louis XIV*, dans lequel l'auteur examine, discute et juge avec une rare compétence les allégations des Mémoires.

« Enfin, c'est maintenant au lecteur à porter un jugement éclairé et équitable entre Henry le Grand, Louis le Juste et Louis XIV, qui, au moins dans les derniers tems de sa vie, a si bien mérité le nom de Grand par la magnanimité incomparable dont il a porté les plus cuisans malheurs d'estat et de famille. Au lecteur, dis-je, à estre persuadé que la vérité la plus exacte a conduit icy tous les traits de ma plume et a sans cesse dominé ma juste reconnoissance, plus encore s'il se peut tous mes autres sentimens. » (P. 441.)

Le *Parallèle* prendra place à côté des *Mémoires* (1); il contient des pages trop belles pour demeurer au-dessous d'eux, sans que la composition discordante de cet ouvrage permette de le placer à un rang plus élevé. En le lisant, il semble qu'on écoute parler un vieillard, la mémoire toute pleine des souvenirs du passé et ne se lassant pas d'en faire revivre les mêmes images sous des formes toujours diverses : « A quatre-vingts ans, disait un de ses neveux, son esprit étoit comme à quarante, sa conversation enchanteresse. Il ne vivoit plus depuis bien des années que dans sa bibliothèque, ne cessoit de lire et n'avoit jamais rien oublié. » Tel était l'homme dont les réflexions avaient depuis long-temps préparé ce livre, et dont l'éloquence surabondante devait entraîner la plume. Le duc de Luynes le peint à merveille : « Il avoit beaucoup lu, dit-il, avoit une mémoire fort heureuse, mais il étoit sujet à prévention. Il exprimoit

(1) Un tel chef-d'œuvre ne pouvait pas être longtemps dissimulé aux admirateurs de Saint-Simon. M. Faugère s'est décidé à livrer à l'impression le manuscrit des œuvres inédites de Saint-Simon. Sa mise à la retraite lui a heureusement permis de satisfaire aux justes impatiences du public qui, depuis dix ans, était privé des originaux pour les besoins d'une édition toujours promise et sans cesse ajournée. La maison Hachette qui possède le manuscrit des *Mémoires*, a tenu à honneur de publier en six semaines le *Parallèle entre les trois rois*, qui a paru un mois après la lecture à l'Institut du présent mémoire.

fortement ses sentimens dans la conversation et écrivoit de même ; il se servoit de termes propres à ce qu'il vouloit dire, sans s'embarrasser s'ils étoient bien françois (1). »

La vérité est que Saint-Simon se servait du vieux langage dont le xviiie siècle avait perdu l'habitude. Un contemporain disait d'un mémoire anonyme qui lui était attribué, non sans raison : « Il est inutile que M. le duc de Saint-Simon le désavoue : son style laconique, sec, dur, bouillant, inconsidéré, lui ressemble trop pour qu'on puisse s'y méprendre ; il ne peut être imité par personne (2). » Son style comme son esprit étaient de cent années en arrière. Ni son caractère, ni sa conduite, ni ses mœurs n'étaient de son temps. Il méprisait son siècle, qu'il appelait : « cette horrible lie des temps, » et ses contemporains, sans lui rendre ses dédains, le laissaient passer avec surprise comme un représentant attardé d'un autre âge. Le livre dont nous venons d'extraire plus d'une page explique les sentiments de l'homme. Il avait vécu, en écrivant ses mémoires, de la vie agitée de la régence, il était remonté jusqu'à sa jeunesse et aux heures écoulées au palais de Versailles ; ce retour sur le passé ne lui avait pas suffi : il voulait aller plus loin en arrière, dépasser la limite de ses souvenirs personnels, remonter le cours de l'autre siècle dont il n'avait vu que le déclin, prendre pour guide son vieux père, dont il regrettait si douloureusement que la mort ne lui eût pas permis d'apprendre davantage. L'horizon s'ouvrait devant lui. C'est alors qu'il voyait Louis XIV dans l'éclat de sa jeunesse, Louis XIII se dissimulant derrière Richelieu, Henri IV prodiguant l'esprit pour séduire autour de lui tout ce qui pouvait servir

(1) *Mémoires du duc de Luynes*, t. XIV, p. 146.
(2) Chéruel, *Saint-Simon*, etc., p. 129.

à sa politique ou à ses passions. Il était heureux de ressusciter tous ces morts d'une génération disparue, de rendre à ces figures éteintes la couleur et le mouvement et de s'ériger en juge de leurs actions. Respirant et se mouvant à l'aise dans le passé, Saint-Simon se sentait dans son élément véritable. Les agitations de la politique ne lui avaient apporté à leur suite que des déceptions. Sa vanité blessée jouissait d'une étude qui le faisait le maître et le censeur des rois! Du même coup il rendait hommage à la vérité, en s'inclinant devant Henri IV, à son père en admirant Louis XIII, à lui-même en faisant descendre Louis XIV du piédestal où l'avait porté l'excès des louanges.

L'heure n'est pas encore venue de prétendre juger ce que les découvertes nouvelles faites aux Archives des Affaires Étrangères ajouteront à la renommée de l'auteur des Mémoires. Le Parallèle ne le fera certes pas déchoir. Ce que nous avons entrevu des volumes consacrés aux duchés-pairies et aux grandes charges de la couronne nous donne la même espérance. Comme le disait un des admirateurs de Saint-Simon, tout y fourmille de vie. Ni une page, ni une biographie qui ne contienne des traits piquants qui rappellent soit un fragment des Mémoires, soit La Bruyère ou Tallemant. A côté de ces découvertes sans prix de volumes entiers, que dire des pièces fugitives? C'est le titre que Saint-Simon leur donnait. Elles remplissaient d'innombrables portefeuilles et se retrouveront peu à peu. Que ne révéleront-elles pas sur les procédés de ce prodigieux écrivain? Grâce à elles, ne saurons-nous pas s'il travaillait son style ou si, comme nous le supposons, l'abondance de sa pensée faisait courir sa plume sans hésitation, ni rature? Pour qui a étudié Saint-Simon, il n'est pas de problème plus délicat et plus intéressant. S'il se recopiait, quel labeur incroyable! S'il écrivait de plein jet, quelle fécondité ! A quelque parti que l'on se range, les admirateurs trouvent ample matière à l'éloge. Et ses biographes ! que ne découvriront-ils pas ? Outre la notice faite par lui-même et qui laisse malheureusement les vingt dernières années sans commentaire, que de mémoires, de notes, de projets propres à jeter la lumière sur les occupations de sa vieillesse ! On a dit des vieillards qu'à un certain âge, ils relisaient et ne lisaient plus. Saint-Simon a-t-il été fidèle à cette règle ? a-t-il lu les ouvrages qui commençaient à remuer son siècle ? qu'en a-t-il pensé ? de la rencontre de cet esprit du passé et de l'esprit nouveau a-t-il jailli une étincelle ? enfin la correspondance si abondante de Saint-Simon se retrouvera-t-elle ? Ne pourrons-nous pas, grâce à elle, refaire l'histoire de cette intelligence superficielle et profonde, partiale et libre, en laquelle se mêlent tant de grandeurs et tant de petitesses ? Si les découvertes des archives continuent avec autant de bonheur et de rapidité, il sera peut-être téméraire d'avoir parlé aujourd'hui de Saint-Simon, car dans peu de temps il n'y aura pas un lettré qui ne sache l'énigme de son caractère, ne connaisse le mystère de sa longue retraite et ne possède la clef de toutes nos conjectures.

TABLE.